묻는다,
이것이
공동체인가

묻는다, 이것이 공동체인가

눈먼 국가 귀먹은 교회, 세월호 以後의 우리들

이은선
이정배
함께 지음

도서

책을 내며

　지난 12월 23일 광화문 광장에서 세월호의 아픔을 기억하는 신학자들의 에세이집『곁에 머물다』가 출간되면서 북콘서트가 열렸다. 그 자리에서 울려 퍼진 언어가 "나는 아무 말도 할 수 없었습니다", "유구무언" 등이었다. 입이 있어도 말을 할 수 없는 지경, 너무도 충격이 커서 말을 모두 잃어버린 상태, 그런 언어들로 우리는 오늘 우리의 상황을 그린다. 그런 말을 들으니 이 책을 출간하고, 다시 그 출간의 변을 쓰는 일이 더욱 부담스러워졌다. 말을 할 수 없는 지경이 되었는데도 말을 계속 하는 것이 과연 인간다운 일인지, 같이 있으면서 함께 아파하고 애도하는 일과 그 현장으로부터 나와서 다시 자기 책상에 앉아서 글을 쓰는 일이 같이 갈 수 있는 일인지 스스로에게 묻고 또 묻는다.

이 작은 책은 지난 4월 16일 진도 앞바다 팽목항에서 일어났던 세월호 참사 이후 우리 부부가 여러 기회에 여러 경우들을 만나면서 써온 글들을 모은 것이다. 처음에 출판을 고려한 것이 아니고, 때때로 의무로 주어진, 또는 남편 이정배 교수의 경우는 도저히 글이라도 쓰지 않고는 견딜 수 없는 심정으로 써내려갔다고 고백하는 대로 그렇게 쓰인 글들이다. 세월호 참사가 있은 후 처음에는 그 진상이 곧 밝혀질 것이라고 생각했고, 참으로 끔찍한 일이긴 하지만 일종의 '선박사고'인줄 알았다. 또한 우리 부부는 그즈음 교통사고를 당해서 한의원으로 치료를 받으러 다니고 있었기에 초기의 우리 의식은 한없이 무딘 것이었다. 그러나 점점 시간이 흐를수록 우리 주변에 번지는 일파만파의 이야기들과 더불어 의식이 바뀌기 시작했고, 우리가 얼마나 깊이 병들어 있었는지, 우리 사회가 어느 정도로 치명적으로 비인간적으로 변해 있는지가 들어오기 시작했다.

우리가 사는 곳이 부암동이라 광화문과 가깝고, 청운동 동사무소 앞의 유족 천막과 예배소는 정말 지척의 거리여서 그런 것에 비하면 사실 우리의 참여와 함께함은 오히려 많이 부끄럽고 죄송스러운 것이다. 하지만 남편은 여름방학 때 다시 발을 크게 다쳐서 목발을 집고 다니는 형편이 되었고, 나는 아들의 장래 문제와 그의 연극공연들, 또한 8·15를 기해서 남북공동기도회에 참석하는 일 등으로 매우 분주하고 다사다난한 시간들을 보내는 가운데서도 글을 쓰고, 남편은 설교를 하고, 모임을 엮고, 목발을 집고 거리를 다니면서 돌아와서는 다시 책상에 앉곤 했다. 이렇게 하다 보니 글들이 모아지게 되었고, 겨울이 다가오는 어느 날 그는 한 권의 책으로 묶자고 제안했다. 나는 선뜻 내키지 않았다. 글이 현실을 따라오지 못하고, 우리 삶이 글을 따라오지 못하고, 더군다나 부부가 이렇게 글을 써서 선언하고, 비판하고, 대안을 제시해보고, 갈 길을 이야기하지만 우리 삶은 거기에 한참 못 미칠 것을 생각하니 용기가 나지 않았다.

이런 마음의 고뇌와 망설임이 있었지만 그래도 오늘 책이 엮여져 나오게 되었다. 남편의 글 중 기고문과 성명서를 1부로, 강단에서 설교를 위해 썼던 글을 2부로, 나의 글을 3부로 나누어서 따로 두었는데, 공통적으로 몇몇 경우를 제외하고는 글을 쓴 날짜 순서를 따랐다. 그의 글은 감신대 학보에 실렸던 글을 시작으로 여름이 접어들면서 유민 아빠 김영오 님의 48일 단식, 방인성, 김홍술 두 목사님의 이어지는 금식과 교종의 한국 방문, 가을로 접어들면서 더욱 첨예해진 세월호 특별법 제정과 관련한 긴장 속에서 감리교 시국기도회에서 응답하고, 세월호의 아픔을 함께하는 이 땅의 신학자들 모임을 엮어서 성명서를 발표하고, 대국민 호소문을 내는 등의 일을 하면서 썼던 글들이다. 감리교 신학자와 목사, 교수로서, 생명평화마당의 공동대표로서 광화문 광장과 대한문 앞, 청운동 주민센터 앞 등을 다니면서 한국 사회와 교회, 2017년 종교개혁 500주년을 앞둔 시점의 제2의 종교개혁을 고민하면서 쓴 글들이다. 그 글들 중 여러 편은 기독교 온라인 신문 〈에큐메니안〉에 칼럼으로 실렸다.

나의 경우는 지난여름에 한국교회여성연합회가 교회여성정치토

론회를 개최하면서 부탁한 발제를 통해서 세월호와 관련한 글을 처음 쓰게 되었다. 이후 이어진 여의도 국회 정문 앞에서의 세월호 참사 진상규명과 책임자 처벌을 촉구하는 목요기도회, 고 신효순·심미선양 12주기를 추모하면서, 7월에는 예은이 엄마 박은희 씨가 전도사로 있는 안산시 화정감리교회 교사들을 위한 예배 설교문을 준비하며, 그리고 가을로 접어들어서는 〈새가정사〉의 글과 〈바른교회 아카데미〉에서의 강의, 10월 양명학회와 한나 아렌트학회의 학술심포지엄이 모두 계기가 되었다. 지난 10월 말 신학자들이 함께 하는 기도회에서 「세월호 참사 이후에 신학자로 산다는 것」을 읽었고, 이번 세월호 참사와 더불어 제일 안타까운 현실 중 하나인 한국 언론의 기막힌 상황을 보면서 또 한 글(〈에큐메니안〉에 바란다)를 쓴 것이다.

이번 세월호 참사를 겪으면서 〈세월호 아픔에 함께 하는 기독여성연대〉가 구성되었다. 10월에 광화문 광장에서 함께 기도회를 열었고, 지난 11월 21일에는 내가 신학위원장으로 있는 한국여신학자협의회가 주관이 되어서 세월호 아픔에 함께 하는 그리스도교 여성토론회를 열었다. 그 토론회를 위해서 「세월호, 신은 죽었다, 나의 내면의 신을 이렇게 말한다」를 준비하며 정말로 우리 시대, 이 거대한 체제의 악에 대해서 어떻게 대응할 수 있을까를 고민하고 또 고민했다. 이 글을 쓰고 있는 오늘도 아침 신문에 기륭전자 노동자들의 오체투지 이야기가 차마 눈뜨고 볼 수 없는 사진과 더불어 실렸다. 이 추운 겨울날 차가운 땅바닥을 온몸으로 기어오다시피 한 그들, 비정규직 차별의 철폐를 위해서 그런 몸짓으로 청와대까지 가겠다고 하는데, 과연 누가 그 온몸의 외침을 들어줄 것인가? 세월호 참사의 유가족들이 하나님에 대해서, 교회에 대해서, 우리 사회에 대해서 유사하게 피를 토하는 언어를 건넸을 때 대답 없는 울림만이 되지 않도록 나름대로 말을 전해보려고 노력했다. 그런데 그 자리에서 한 유족이 답하기를, 그날 우리가 건넸던 많은 말에도 불구하고 여전히 실종되어 찾지 못하는 9명이 그대로 있는데 "당장 발등에 떨어진 불을 끄지 못하는데" 그 모든 말이 무슨 소용이 있겠는가 하고 한숨을 쉬면서 말했다. 거기에 대해서 다시 할 말을 잃었다.

지난 5월 불문학자 평론가 황현산 씨가 말했다. "하나의 표현만 가지고는 여전히 그 사고방식, 세월호를 침몰시킨 사고방식 그대로 일 수밖에 없다. 언어로 흔들지 않는 한 세상은 한 치도 나아가지 않는다." 이 말대로 나는 정말 유구무언, 아무 말도 할 수 없는 상황이 되었더라도 다시 "언어로 흔들지 않는 한 세상은 한 치도 앞으로 나아가지 않는다"는 말을 붙잡고 다시 말을 하려고, 말을 얻으려고, 말을 찾아내려고 애썼다. 세월호의 진실이 우리의 말로 서술되고, 이야기되고, 그려질 때 더욱더 분명히 밝혀지리라 믿었기 때문이다. 우리 부부의 이 책은 그런 노력의 흔적들이라고 생각한다. 이렇게 세상에 내놓기에 많이 부끄럽고, 그 진실성의 농도와 육화의 힘씀이 아직 한참 부족하지만 세월호 이후에도 우리 삶은 계속되어야 하기에, 세월호에도 불구하고, 아니 그 세월호를 통과하는 동안 우리 삶과 공동의 삶이 앞으로 더 나아가기를 간절히 소망하는 마음으로 용기를 낸 것이다.

　지난 1년간 우리와 함께했던 여러 사람들의 얼굴이 떠오른다. 제일 많이 마주친 몇 사람만 거론하면 한국여신학자협의회의 성명옥, 이은주, 감리교여성지도력개발원의 조화순, 최소영, 이경자, 촛불교회의 최형국, NCC의 김창현, 감리교 시국대책위의 진광수, 예수살기의 양재성, 청운동의 목사님 이윤상, 목정평의 정태효, 생평마당의 방인성, 김영철, 김정숙, 김은규, 신학자 그룹의 박일준, 김희헌, 정경일, 오현선 등의 수고가 생각난다. 안산 화정감리교회의 박인환, 조상미 목사님 부부는 우리에게 유경근, 박은희 유족 가족을 소개해주었고, 홀로 1만 명 이상의 세월호 특별법 서명을 받아내는 수고뿐 아니라 많은 모임에서 함께했다.

　이번에 이런 일들을 겪으면서 다시 한 번 확인한 것은, 내가 혼자 속으로 아무리 잘 지낼 것을 결심하고 굳게 다짐한다 하더라도, 그 혼자의 다짐과 결심보다도 바로 옆의 한 사람이 "힘내, 잘하고 있어"라고 격려해주는 한 마디가 더욱 나를 살리고, 나를 행위에로 불러준다는 것이다. 그렇게 우리는, 우리 인간은 공동체의 존재이고, 함께 살고 더불어 행위하는 존재(acting in concert)인 것을 더욱 잘 알 수 있다. 이 책이 그렇게 우리 공동체를 다시 살리고 튼튼히 하는 데 힘을 보탰으면 좋겠다.

　이 책을 1부와 2부, 그리고 3부로 나눈 것은 남편의 글은 주로 그 때마다의 현장성 속에서 선언과 선포, 설교의 단문으로 이루어졌고, 내 글은 보다 긴 호흡 속에서, 그리고 단지 신학적이거나 교회만을 염두에 둔 것이 아니라 더 포괄적으로 우리 사회 전반의 정치와 교육 등을 염두에 두면서 앞으로의 나아갈 길을 탐색하는 의미에서 쓰인 것들이 많기 때문이다. 독자들의 이해를 위해서 이러한 배치가 도움이 되었기를 바란다.

이제 마지막으로 부족한 글들을 한 권의 책으로 엮어주신 동연 출판사의 김영호 사장님과 조영균 편집장님에게 감사의 마음을 표하고자 한다. 그들의 마음 씀과 수고가 크고 실질적이어서 이 책이 나오게 되었다. 그들은 생명을 낳고 살리는 살리미의 일을 항상 말없이 맡아주신다. 깊이 감사하고 머리 숙여 경의를 표하고 싶다. '집언봉사'(執言奉辭), '말을 들어서 사건에 봉사한다.' 이 책이 세월호 사건의 이야기를 더욱 진실되고 바르게, 그리고 명확하게 밝히고 의미 지우는 일에 보탬이 되기를 바라면서 마무리하고자 한다.

2015년 1월 20일
부암동 언덕에서
이은선 모심

긴급 기자회견
세월호의 아픔에 참여하는 이 땅의 신학자들
2014년 10월 30일 오후 2시, 광화문광장

차례

1부

묻는다,
이것이 공동체인가

이 정 배

묻는다, 이것이 공동체인가
- 세월호 참사를 생각하며 우리를 돌아본다 -

　세월호 참사 이후 한 일간신문의 사설 제목인 "묻는다, 이게 나라인가"를 모방하여 이 글의 제목을 정했다. 본래 필자에게 주어진 주제가 '공동체'였기에 이렇듯 큰 물음에 대한 반문의 형식을 취함으로써 이론적 사변성을 벗고 현실성을 담보할 수 있기를 바랐다. 실상 신학적으로 공동체를 논하는 것은 전혀 어렵지 않다. 이에 대한 원론적 이야기들이 도처에 수없이 산재해 있는 까닭이다.

　하느님 나라 사상을 비롯하여 신학자들의 뭇 교회론을 통해 우리는 공동체에 대한 학문적 견해를 쉽게 접할 수 있다. 때론 『공통체(Common Wealth)』와 같은 묵직한 공동체론을 집필한 철학자들의 생각이 무기력한 교회에게 자극을 주었고 신학의 지향성을 구체화시키기도 했다. 하지만 어느 이론도, 어떤 신학도 그에 걸맞은 공동체를 현실화하지 못했다. 무수한 공동체 이론이 난무하는 것은 그만

큼 우리 사회가 그로부터 멀어지고 있다는 반증일 것이다. 우리 교회
와 대학 역시도 공동체라 하기에 너무도 부실하지 않은가? 기독교조
차 공공성을 잃고 사적 공간으로 타락한 탓이다.

금번 진도 인근 바다에서 좌초된 세월호 사건은 우리가 꿈꿨던
공동체가 얼마나 큰 허상이었는가를 알리는 확실한 지표가 되었다.
그간 우리는 이 나라를 비판하면서도 내심 자랑스럽게 생각해왔다.
경제를 위해 때론 독재가 용인되었고 더 잘살기 위해 민주주의 가치
대신 돈의 힘에 굴복된 경우도 있었으며, 민족 분단의 아픔을 악용한
사례들을 때마다 경험했음에도 한류에 열광하는 세계를 보며 우리
를 대단하게 생각했고 문화강국으로의 희망을 노래해왔다. 그러나
선거에 국정원이 개입하고 공권력이 쌍용자동차노조를 짓밟고 밀양
에 송전탑을 강제하는 현실, 더욱 산업재해를 부정하는 한국 최대의
기업인 삼성의 횡포와 그를 묵인하는 권력을 보며 이 땅에 대한 우환
의식을 갖던 차에 급기야 세월호 참사가 발생했다.

전 국민을 공황으로 몰고 간 금번 사태는 이전의 크고 작은 참사와
견줄 수 없을 만큼 의미가 지대했다. 꽃다운 청소년을 희생양 삼은
세월호 참변은 실상 공동체의 총체적 부정을 통한 우리 미래의 실종
을 의미하는 까닭이다. 사람들 입에서 내뱉어진 탄식 중 "나라가 뭐
이래?"란 말이 가장 많았다. 자신들이 몸 바쳐 일한 조국이 민초를
배반했고 어른들의 탐욕과 안일함이 어린 뭇 생명을 앗아갔으며,
공권력의 거짓이 정직한 백성들을 좌절케 한 것이다. 바다 밑 개펄에

처박힌 것이 세월호만이 아니라 공공성을 잃은 대한민국이라 해도 누구도 부정할 수 없게 되었다. 외신들 역시 우리의 이런 슬픈 자화상을 공공연히 전하고 있다. 때론 아시아적 가치의 필연적 귀결이라는 오리엔탈리즘의 시각도 회자된다.

한때 신학은 유언비어를 자신의 언어로 삼은 적이 있었다. 지난 1960-70년대의 군부독재 시절 언로가 막혔을 때 이곳저곳에 떠도는 이야기들, 대놓고 말할 수 없어 마음으로 나누던 이야기들이 진리였고 진실이었다. 그래서 권력이 부정하는 유언비어가 하느님의 언어가 될 수 있었고 거기서 희망을 움켜쥘 수 있었다. 유언비어란 소통 없는 불통의 시대에 진리를 담는 민초들의 대화방식이었던 까닭이다. 민심이 천심이란 우리의 옛적 언어가 이를 적시하지 않는가? 따라서 유언비어 그 자체를 잘못이라 탓할 수 없고 인위적으로 막을 수도 없다. 그것이 존재하는 이유는 오로지 권력이 진리를 막고 공동체성을 잃은 결과인 까닭이다.

페이스북을 통해 전해지는 뭇 정보는 과한 것도 있으나 독일 잡지가 지적했듯이 권력의 애완견 역할을 하는 공영방송에 비해 진정성을 보였고 애통하는 이들의 심정을 전했으며, 사실을 전하는 데 크게 한몫을 감당했다. 그들이 없었다면 우리 눈과 귀가 닫혔을 것이고 판단력도 흐렸을 터이며, 대한민국의 총체적 부실에 대한 염려도 옅어졌을 것이다. 정부가 소통을 막고 진실을 가렸으나 하늘은 유언비어로 진도 바다의 실상을 알렸으니 신학은 그 속에서 하늘 뜻을 찾고 또 찾을 일이다. 그 옛날에도 예수의 부활 소식은 누구에겐 희망이었으나 그를 유언비어라 여겨 금하고 싶었던 사람들이 있었음을 부정할 수 없다면 말이다. 이렇듯 정의와 희망은 유언비어라는 불법을 통해서만 성장할 수 있음이 예나 지금이나 부정할 수 없는 현실이다.

지금 주변은 온통 노란 물결로 가득하다. 우리 자식들이 싸늘한 주검으로 돌아오자 4월의 꽃이 사라진 대지 위로 인간의 마음이 피워낸 노란 꽃들이 곳곳에 즐비해졌다. 그 꽃 속에 담긴 가슴 울리는 한마디 말이 있다. '하나의 작은 움직임이 큰 기적을'이란 말이 바로 그것이다. 이것이 백성들의 마음이고 하늘의 소리일 듯싶다. 과거 이스라엘 민족이 메시아가 오기를 바랐듯 우리의 기다림 역시 예상치 못한 결과를 낳을 수 있을 것이다. 하지만 그것은 한 사람의 생존자를 기대하고픈 마음 그 이상이어야 한다. 설령 가족 품으로 돌아올 수 있는 이가 한 사람도 없다 할지라도 우리는 새로운 인간상, 새로운 공동체, 곧 새로운 미래를 위해 기적을 포기할 수 없다. 피지 못한 꽃봉오리들을 헛되이 떠나보내지 않고자 한다면 말이다.

민족의 구원을 허울 좋게 외쳤던 한국 교회는 이들 죽음 앞에서 고개를 들 수 없을 것이다. 교회 스스로가 정의(복음화)에 장애가 되었으니 무슨 할 말이 있을 것인가? 말로만 살았고 교리로만 외쳤던 종교인, 성직자를 대신하여 세월호 희생자들이 새 세상을 위해 희생 제물로 바쳐진 것을 뼈 속 깊게 인정해야 옳다. 단지 그들의 영혼이 하늘나라에 가는 것만 기도해서는 안 될 일이다. 그것은 결코 현실을 사랑으로 극복하는 방식일 수 없다. 그럴 경우 다수의 불신자의 희생을 두고 한국 교회가 또다시 어떤 망발을 할지도 모를 일이다. 한국 교회는 지금 그들 부모들 이상으로 애통해하며 '내 탓이오'를 외쳐야 할 때이다. '끝까지 기다린다'는 노란 리본의 의미가 이 땅의 씨알민중들과 한국 교회에게 사회적, 전일적(全一的) 구원의 차원으로 체화되어야 마땅하다.

그럴수록 한 사람 선장에게 모든 책임을 전가하는 해결책은 옳지 않다. 그의 무책임을 용서하기 어렵고 공분할 일이기는 했으나 대통령의 입으로 살인자로 명명된 것은 그릇되었다. 오히려 그 표현을 대통령 본인에게 돌렸어야 자식 잃은 이들의 마음이 다소나마 풀어졌을 것이다. 청와대로의 책임 전가를 피하려는 부하들의 충성된(?) 언동도 대통령을 빼닮았다. 모두들 죄의식이 없다. 출항 이전의 세월호 속에 이미 성장 중독증에 걸린 이 땅의 모순이 가득 차 있었고 난파 이후 구조과정에서도 청와대, 곧 최고 권력 집단에서 비롯된 관료주의, 권력주의, 배금(拜金)주의, 무사안일주의의 병폐가 여실히 드러났다. 재난 관리 시스템이 가동하지 않고 매뉴얼이 작동하지 못한 곳이 어디 세월호뿐이겠는가? 이런 책무를 감당하라고 백성에게 힘을 이양받았다면, 국가 정보원까지 음(陰)으로 힘을 보태 그리 했다면(?) 대통령 자신이 좀 더 정직하게 민초들 앞에 섰어야 했다.

분명 우리 가슴 속에도 세월호 선장의 흔적이 없지 않을 것이다. 하지만 이런 것 모두는 관리들, 위정자들 그리고 기업 총수들로부터 그리 처신토록 학습한 것이 아니었던가? 그 많던 위정자들 중 누구 하나 백성들과 함께 삶과 죽음의 경험을 나눈 자가 있었던가? 백성과 나라를 상대로 장사하여 이득 본 전직 대통령도 있지 않았던가? 아마도 그는 지금 자신에게 불똥이 튀고 화살이 집중되어 세월호 선장처럼 비출까 염려하며 더욱 숨고 싶을 것이다. 이들 전/현직 대통령과 세월호 선장이 과연 무엇이 다를까? 권력과 기업의 공조 탓에 해고되어 수많은 자살자를 낸 쌍용자동차의 비극에 대한 정부의 대처 방식은 부실한 세월호 구조 방식과 다를 바 없다. 대통령과 공영 방송이 거듭 강조하듯 분명 선장의 자존심과 명예가 실추된 것이 틀림없겠으나 그 역시 박봉에 시달리는 비정규직이란 사실 또한 간과될 수 없는 사안이다. 비정규직을 양산하는 사회의 구조적 문제를 논하지 않고 한 개인에게 양심과 사명감을 요구하는 것은 결코 공정치 않다. 분배정의가 실현되지 않는 현실, 노동의 대가, 땀의 정직성이 훼손된 사회에서 누구라도 자신의 노동을 성스럽게 생각지 않을 것이다. 교회가 안식일을 지키라 말하기 전에 일(노동) 없는 이들의 고통에 먼저 익숙해져야 하는 것도 함께 생각해볼 주제이다. 성직자들 세계에서조차 비정규직이 대세인 정황에서 사회를 향해 할 말이 많지 않으나, 정규/비정규직이 계급처럼 나뉘어 있는 현실을 달리 만들지 않고서는 세월호 선장은 거듭 양산될 것이고 그들의 무책임으로 우리 공동체의 건강과 안위는 위협받을 수밖에 없다.

이쯤에서 공동체에 대한 성서적·신학적 견해로 돌아가 보자. 협의로 공동체를 정의할 수도 있겠으나 본래 성서는 인간에게 우주 생명 공동체를 각인시켰다. 우주 생명체의 원리가 작은 단위 공동체에도 적용되길 바라서이다. 신앙의 유무에 관계없이 성서는 애당초 공동체를 위해 지켜야 할 두 가지 원리를 제시했다. 다른 사람들 눈에서 눈물을 흘리지 말 것과 동물을 피(생명)째로 먹는 행위를 금한 것이다(창 9:1-7). 처음 것이 인간들 간의 형평성, 곧 사회적 정의의 차원이라면 나중 것은 자연과 관계된 생태정의를 뜻한다. 이 두 원리가 지켜질 때 비로소 이 세상은 살 만한 공간이 된다는 것이 성서의 가르침이다. 그렇기에 성서는 이 원리가 파괴될 때 인간을 비롯한 일체 피조물이 탄식하게 될 것이란 경고(롬 8:18-25)도 빠트리지 않았다. 이는 성장에도 한계가 있다는 것을 깨우치는 말씀이다. 성숙 없는 성장은 인간을 비롯한 사회 전반을 괴물로 만들 뿐이다. 세월호로 비유되는 오늘의 대한민국이 바로 크기만 잔뜩 커진 괴물을 빼닮아 있다.

공동체란 인간이 저마다 근원적 한계의식을 갖고 살아갈 때 주어지는 결과물이다. 신약성서에서 몸의 비유를 통해 교회 공동체를 말할 경우도 의미는 같다. 앞발이 갈 때 뒷발은 멈춰야 하며 머리가 의도하는 것에 손과 발이 따라줘야 몸의 활동이 지속될 수 있다. 따라서 공동체 역시 생명처럼 상호 의존적 경험의 산물인 까닭에 자신의 중심을 항시 약자에 두어야 옳다. 약자들이 많은 세상, 억울한 눈물을 흘리는 이들이 많은 세상은 결코 공동체가 아니며 자연을 가난하게 만드는 인간의 탐욕은 신(神)도 등 돌리는 세상을 만들고 말 것이다. 공동체를 염려하는 학자들은 전 지구적 가난(약자)을 인류가 자신들의 '공통감'으로 삼기를 원하고 있다. 모두가 다른 언어로 말했으나 상호 소통할 수 있었던 오순절 사건처럼 지구적 차원의 가난에 모두가 공감할 때가 되었다는 것이다. 경제적 불균형, 전쟁무기 과다 보유 그리고 생태계의 재앙이 목하 현실인 한에서 기독교적 구원(정신)의 실현이 너무도 요원해진 것을 감지한 까닭이다.

따라서 인류의 공동체성을 위해 시대가 요구하는 인간상이 새롭게 제시되었다. '공감하는 인간', 즉 호모 엠파티피쿠스(Homo em-patipicus)가 바로 그것이다. 주지하듯 중세기는 인간의 죄성을 강조했고 믿음을 통한 천국행을 그것의 극복이라 여겼다. 반면 근대에 이르러 인간은 자신의 본질을 이성에서 찾았고 그것의 낙관(계몽)적 특성에 기인한 진보사관을 확신했다. 그러나 피안적 천국 신앙이나 진보적 미래에 대한 확신이 설득력을 잃은 지 오래이다. 세계관이 달라졌고 기후 재앙과 같은 비관적 미래가 과학자들에 의해 제시된 탓이다. 물론 지금도 교회 안팎에서 중세와 근대적 에토스를 대변하는 보수/자유진영 간의 갈등이 여전하지만 이 둘 모두 시대에 적합하지 않다.

작금에 이르러 우리 인간은 상처받기 쉬운 존재로서 자신의 약함에 근거하여 타자의 약함에 공감할 수 있는 존재란 것이 밝혀졌다. 약한 존재란 것이 죄성과 유사한 듯 보이나 그것을 바탕으로 하여 타자들과 공감할 수 있는 존재란 점에서 그와 구별되며, 본래 약함을 전제하기에 자신의 능력을 과신하는 이성적 존재와도 변별된다. 공감하는 인간을 통해 지금 여기서 세상을 달리 보고 다르게 만들려는 간절함이 세계 곳곳에서 표출되고 있다. 서로를 보듬는 새로운 공동체가 열망되고 있는 것이다. 차축시대의 뭇 종교 역시 저마다 표현은 다르나 결국 공감 능력에 기초하여 생기(生起)했다는 주장 역시 설득력을 갖는다.

희생자 가족들이 분노하는 것은 정치가들에게서 공감하는 마음을 읽지 못했기 때문이다. 천추의 한을 부모들에게 심겼고 삶의 근간을 흔들어 미래를 좌초시킨 세월호 참사의 원인 분석에 앞서 대통령을 비롯한 정부 관계자들의 공감력이 절실히 표출되었어야 옳다. 왜 현장에서 대통령은 유족들을 부둥켜 않고 울지 못했는가? 하루라도 그곳에 머물며 그들 고통 속에 진정성 있게 한 발을 들여놓을 수는 없었는가? 타는 가슴에 물 한 방울 넘길 수 없는 사람들 앞에서 라면 먹고 사진 찍으며 좋은 모텔에서 숙식하는 관료들, 그들에게 유족들의 고통은 불편한 일이었을 뿐 결코 자신의 것이 될 수 없었다. 고통받는 이들과 동일시되는 경험, 즉 상대방의 고통을 자신에게 가져오려는 마음의 부족 탓에 청와대와 세월호 선장이 같은 취급을 받고 있는 것이다.

대통령은 지시하고 질책하는 자리에 있지 않다. 재난 관리 시스템 붕괴에 대한 무한 책임을 본인 스스로 인정할 때 슬픔 속의 민초라 할지라도 대통령의 고뇌에 공감할 것이며 그런 그를 비로소 지도자라 여길 것이다. 불행히도 대통령의 공감 없는 겉치레 인사와 고압적 문책은 문제 해결에 도움이 되지 못했고 유언비어를 통해 밝혀지듯 관계자들을 복지부동하게 만들었다.

바야흐로 단체장들을 뽑는 정치의 절기에 이르고 있다. 한 표를 구걸하기에 앞서 먼저 후보자들 스스로가 '공감하는 인간'인가를 되물을 일이다. 세월호 참사로 인해 세상은 이제 크게 달라질 것이기 때문이다. 아무도 세월호 이전처럼 살고자 하는 당신들을 믿고자 하지 않을 것이다. 공동체의 매뉴얼을 지키지 않고도 괜찮다고 하는 나라의 백성이 되고픈 사람은 이제 더 이상 없다.

나는 이 글을 세월호 좌초 이후 11일이 지난 시점, 아직도 바다에 묻힌 이들이 115명이나 남아 있는 정황에서 쓰고 있다. 한 제자가 이런 글을 보내주었다. '슬프고 괴롭고 답답하지만, 정작 두려운 것은 이를 쉽게 잊는 것'이라 하였다. 어찌 쉽게 잊을 수 있을까마는 시간이 지나고 일상이 분주하다 보면 그리 될 수밖에 없을 것이다. 그럴수록 그것을 두려워하는 것이 옳다. 이들 죽음으로 인해 우리는 대한민국의 실상을 여실히 알았고 그것이 바로 교회이고 신학교였으며 우리 자신들의 모습인 것을 아프게 받아들였다. 우리의 현실을 달리 만들 수 없다면, 새로운 공동체를 꿈꾸지 않는다면, 무엇보다 자신을 달리 봐라볼 수 없다면 우리는 그들 죽음을 무익하게 만드는 것이리라.

대속사상에 익숙한 기독교인들이기에 누구보다 이들 희생을 그리 읽고 해석하여 살아낼 책무가 있다. 사건에는 뜻이 있는 법이다. 그 뜻을 찾아 이루는 것이 동시대를 사는 종교인들의 사명일 것이다.

그래서 '역사란 처음이 있어 마지막이 있는 것이 아니라 마지막이 있어 처음이 있다'는 말은 진실이다. 우리로 인해 그들의 죽음을 결코 헛되게 해서는 안 될 것이다. 민초들 입에서 "이게 나라야?", 우리 입에서 "이게 교회야?" 그리고 학생들에게서 "이게 신학교야"라는 말이 사라지도록 살아보자. 이것이 돌아오지 못한 어린 그들을 위한 우리 어른(종교인)들의 피할 수 없는 책무일 것이다.

글을 마치려는 시점에서 노랑 리본에 대한 기독교인들의 반감이 표출되었다는 소식을 접했다. 노란색이 주술적 성격을 지녔다는 이유 내세웠다. 기막힌 노릇이다. 결국 세월호의 원인을 추적해보면 그 뿌리는 돈일 것이고 그를 쫓도록 전 국민을 추동한 이가 장로 대통령이었으며, 그것이 이단이라 할지라도 '구원파'로 불리는 기독교의 책임인 것을 숨죽여 반성하는 것이 골백번 지당하다.

내리는 봄비 맞으며 노랑 리본을 달고 안산과 서울시청 앞 분향소에서 눈물로 참배하는 평범한 시민들을 욕되게 하지 말라. 이제는 세상과 불통하는 좁은 기독교의 모습을 정말 부끄럽게 생각할 때가 되었다. 정부 역시 더 많은 곳에 분향소를 설치하여 백성으로 하여금 충분히 애도토록 하라. 세월호 참사로 지금 전 국민이 상(喪) 중에 있지 않은가?

이제 정말 교회의 힘이 필요할 때
- 한국 교회를 향한 간절한 호소 -

　세월호 참사 백일이 지났습니다. 정부의 무책임과 국회의 무능함
이 유족들을 단식으로 내몰았고 힘든 몸으로 백리 길을 걷게 했습니
다. 슬픔만으로도 버거울 그들을 이렇듯 거리로 내친 국가를, 정치인
들을 용서할 수 없습니다. 특별법 제정을 위해 모두의 관심이 집중된
이날 정부는 고작 유병언 시신을 보도했고 대통령은 유족들의 고통
과 아픔을 외면한 채 돈을 풀어 경기를 회복시킬 것을 약속했습니다.
사건 초기부터 공감과 소통에 무뎠고 그 눈물에 진정성 없었기에
기대하지 않았으나 그래도 백일 되는 이날 단식하는 유족들에게 따
뜻한 말 한마디 건네지 않는 것을 보며 그의 자격 없음을 재차 실감합
니다. 우크라이나 상공에서 피격된 자국민의 시신을 자국 공항에서
영접하는 네덜란드의 국왕, 위정자들과 너무도 다른 모습이라 우리
의 절망이 큽니다. 우리 국민이 요구하는 것은 돈에 앞서 마음이며

진실인 것을 애써 외면하거나 아니면 국민들을 너무 가볍게 보는 처사라 여겨집니다. 유족들이 백리 길을 걸었고 십여 일을 단식했으며 수만 명이 추모제에 참석했는데도 이를 보도하지 않은 공영방송들에게 깊은 유감을 표합니다. 또한 이 나라 공권력은 장대비 내리는 새벽 세시까지 유족들을 토끼몰이했고 무력으로 진압하는 등, 오로지 청와대의 충견노릇에만 몰두했습니다. 유족들의 아픔을 이해하고 그들의 지친 몸에 대해 배려하는 것이 전혀 없는 처사가 아닐 수 없습니다.

세월호 특별법을 제정하는 일로 온 나라가 시끄럽습니다. 엄마의 이름으로, 어버이연합이란 이름하에 유족들 가슴에 대못을 박는 일이 여러 차례 발생했습니다. 심지어 국회 특위 위원장의 입에서 세월호 참사는 우연한 교통사고, 재수 없이 걸린 AI 조류독감에 비유되기도 했습니다. 심지어는 돈을 목적으로 하는 떼쓰기처럼 이들의 몸짓을 비웃는 소위 지식인들도 생겨났습니다. 한 시인은 사적으로 여행을 가다 생긴 일로 유족들이 웬 난리인가를 오히려 반문합니다. 더욱이 세월호 참사 100일에 맞춰 유병언의 주검과 유전자 확인 기사가 언론 매체를 도배하고 있습니다. 국과수 원장이 의사 가운까지 입은 채 자신의 모든 것을 걸고 사체가 유병언인 것을 증언했으나 백성들은 믿고자 하지 않습니다. 과거 경험에서 이들은 유언비어가 오히려 사실이며 진리였던 것을 학습했던 탓입니다. 국과수 원장의 설명 후 질문에 나선 한 법의학자의 말이 결코 예사롭지 않습니다. 어느 공영방송도 끝까지 보여주지 않았으나 요지는 의학적 소견에 앞서 발견 현장에 대한 이해가 더 중요할 수 있다는 사실입니다. 의학적 진실과 현장 정황 간의 중첩될 수 없는 여지를 염두에 둔 것입니다. 현명한 시민들이 제기한 물음에 답하려면 아직도 넘어야 할 산이 많습니다. 여하튼 유병언의 죽음으로 세월호 참사가 무마될 것이란 오판을 정부가 거둬들여야 할 것입니다. 세월호 참사 100일 집회 후 공권력으로부터 모멸 찬 거부를 경험한 유가족들은 이제 1천 일을 가늠하며 단식 농성을 이어가고자 하는 까닭입니다.

금번 세월호 참사가 특별한 것은 누구나가 알 듯 대한민국의 부실함이 총체적으로 집약된 사건인 탓입니다. 정치, 행정, 기업, 심지어 종교까지 연루된 대재난으로서 '이것이 국가인가'를 묻게 했던 사건인 까닭입니다. 소위 골든타임으로 알려진 절체절명의 순간에 '가만있으라'고 하면서 정작 선장을 비롯한 승무원들이 자신들의 부정을 덮을 방도를 청해진 본사와 의논했다니 기막힌 노릇이 아니겠습니까? 해경조차도 자신들과 이해관계가 엮인 언딘이란 업체를 기다리느라 생존자를 방치했으며 상부의 지시가 없다는 이유로 복지부동한 이 나라 공복들의 무책임, 비인간성에 이 나라 민초들은 절망하고 치를 떨어야 했습니다. 더구나 이 땅의 방송, 언론들조차 거짓 과장된 보도로 아이들을 사지로 내모는 일에 일조했고 부모들의 기대를 졸시에 허물었습니다.

하지만 무엇보다 세월호 참사가 특별한 것은 아이들이 죽어가는 과정을 그 부모들이 지켜봤다는 데 있습니다. 살 수 있는 아이들을 앞선 이유들로 한 명도 살리지 못했다는 기막힌 사실에 있다 하겠습니다. 이런 사건을 두고 조류독감, 단순 교통사고 운운하고 사적 여행에서 우발적으로 발생한 것이라 폄하하는 것은 가수 김장훈의 말대로 사람의 탈을 쓰고 결단코 내뱉어서는 아니 될 말입니다.

이런 이유로 유족들은 오로지 자식들이 어떻게 죽었는지, 누가 구체적으로 이런 정황을 만들었는지를 알고 싶어 합니다. 우리가 아는 대로 유족들 중에는 경제적으로 여유롭지 못한 분들이 적지 않습니다. 단식과 농성을 위해 그들은 생계를 접어야 했고 집을 박차고 나와야 했습니다. 집에 남아 있는 다른 자녀들을 돌볼 여력도, 손길도 포기했습니다. 경제적으로 어렵지만 유족들은 수백 번 회의와 토론 끝에 진실과 돈 중에서 진실을 택하고자 결의를 했다 합니다. 현실적으로 어렵고 하루하루가 고통이지만 자식들의 죽음을 헛되이 않는 길은 그리고 이후 누구의 자식도 그리 되지 않도록 하기 위해서 유족들은 돈을 버리고 진실을 선택한 것입니다. 우리는 유족들의 이런 결의와 믿음을 진심으로 존중하고 격려하며 그들 희망에 마음을 보태야 할 책임이 있습니다. 더욱이 우리가 세상의 중심은 약자에게 있다고 가르치신 예수를 따르는 이들이라면 그래야 마땅한 일입니다. 하지만 세월호 특별법에 담긴 유족들의 선한 뜻을 이 나라 위정자들이 훼손했습니다. 대다수 언론도 정권의 애완견이 되어 정치가들의 판단이 옳은 듯이 여론을 호도합니다. 그렇기에 100일 추모제에서 유가족 대표는 우리 국민들에게 이런 거짓된 정보로부터 '깨어나 줄 것'을 강력히 부탁했습니다.

그러나 현실은 대단히 안타깝습니다. 세월호 참사 100일 시점까지 특별법 입안을 위해 1천만 명 서명을 호소했으나 우리 기독교계, 교회들의 참여가 너무도 저조한 상태입니다. 정토회를 중심한 불교 측의 서명 수에 견줄 때 부끄러워 얼굴을 들 수가 없습니다. 그렇기에 세월호 사건으로 기독교가 마침내 그 민낯을 드러냈다는 여론이 대세입니다. 물론 우리 중에도 조사권과 기소권을 요구하는 특별법이 법 체제를 흔드는 일이라 걱정하는 분이 계실 것입니다. 이에 대한 논리적 싸움이 치열합니다. 세월호 참사가 너무도 특별한 것이기에 특별법이 필요하다는 유족들의 논리 역시 일리가 있습니다. 우리 역사상 정상적 사법 절차 속에서 진실이 밝혀진 경우가 매우 적은 것도 이유가 됩니다. 언제나 경험하듯 몸통은 없고 깃털만 밝혀지는 사례가 잦았던 것이지요.

금번 세월호 참사에 연루된 부패의 규모와 범위가 무척 크고 넓어서 그리 될 개연성이 농후합니다. 민변 측에서 제시한 안에 실효성 있는 내용이 담겨 있습니다. 어떤 언론을 접하고 방송에 귀기울이냐에 따라 우리의 판단이 달라질 수 있을 것입니다. 그동안 우리가 우편향되었다면 좌편의 언론을 더 많이 접해야겠지요. 하지만 우리 기독교인들의 경우 앞서 보았듯이 세상의 중심은 약자에게 있다는 진리에 충실해야 마땅합니다. 어떤 이론이고 논리라도 일리(一理)가 없는 것은 없습니다. 합리성과 필연성, 적합성이 저마다 각각의 이론 속에 다 깃들어 있을 것입니다.

그러나 그보다 더 중요한 것이 있다는 게 성서가 가르치는 바입니다. 강도 만난 자를 피해 여리고 고개를 성급히 넘는 대제사장도 틀리거나 잘못된 존재는 결코 아니었습니다. 그에게는 어쩌면 성전 제사를 지내야 할 급한 책무가 있었을지도 모릅니다. 강도 만난 이를 피해 도망치듯 달려가는 레위인의 행동 역시도 일리(一理)가 없지 않습니다. 평생 율법을 가르치던 그로서 피는 부정한 것이었기에 피할 수밖에 없었을 것입니다. 이런 논리라면 사마리아인 역시 강도 만난 이에게 눈길 한번 주지 않고 지나가도 되었습니다. 남북 왕조 분열 이후로 유대인과 사마리아인은 평생 원수지간이었던 까닭입니다. 이렇듯 합리적, 필연적, 논리적 이유를 지녔음에도 사마리아인은 자신의 논리 곧 장벽을 넘어 강도 만난 자에게 달려가 치료를 해주었고 이후의 삶도 염려해주었습니다.

성서의 예수는 이 이야기를 영생의 주제와 관련하여 말씀하셨습니다. 이 시대를 살면서 우리는 좌우의 시각을 지닐 수 있습니다. 보수/진보의 차이가 있다는 것 역시도 당연지사입니다. 정치와 종교의 영역을 분리시켜 살고자 하는 것도 틀린 것이라 보고 싶지 않습니다. 성향에 따라 그런 선택도 가능할 것입니다. 그러나 그런 틀에 안주하는 것은 대제사장이나 레위인의 삶일 뿐 선한 사마리아인의 삶이 아니라는 것이 성서의 가르침입니다. 그런 삶은 영생과 무관하다는 것이지요.

지금 세월호 참사는 국가에 의해 총체적으로 강도 만난 자의 상태로 비유될 수 있을 것입니다. 이 사건에 대해 기존하는 모든 차이와 관점을 뒤로 하고 이곳, 팽목항, 안산으로 발길을 향하고 마음을 모으는 일이 영생에 관심을 두는 우리 기독교인들의 책무입니다. 하느님께서 불쌍한 인간을 구원하기 위해 하느님으로 머물지 않고 인간의 몸을 입으셨듯이 그분은 지금 우리로 하여금 자신의 틀, 테두리, 이념, 성향, 교리 등을 깨고 현장으로 발걸음을 옮기라고 명하십니다. 한 신학자는 성육신의 신비는 오직 고통 받는 현장에서 재현된다고 했습니다. 이런 신비가 재현되지 못한다면 기독교는 최선을 최악으로 만드는 형편없는 종교가 될 것이라는 경고도 덧붙였지요. 이런 이유로 우리는 오로지 사실만을 알고자 하는 유족들의 마음밭으로 달려가야 합니다. 대형교회일수록 서명하는 숫자도 적을뿐더러 서명하라는 말조차 꺼내지 않는다고 하니 그래도 그것이 교회일 수 있는지 염려됩니다. 미가서에는 예언도, 신비도 잃어버릴 성직자의 운명을 예고하였습니다. 그것이 오늘 한국 기독교의 운명이 되지 않도록 미가서 3장의 말씀과 정직하게 맞닥트렸으면 좋겠습니다.

"예언자라는 자들이 나의 백성을 속이고 있다. 입에 먹을 것을 물려주면 평화를 외치고, 먹을 것을 주지 아니하면 전쟁이 다가온다고 협박한다. 예언자들아 너희의 날이 끝났다. 이미 날이 저물었다. 내 백성을 곁길로 이끌었으니 너희가 다시는 환상을 못 볼 것이고 다시는 예언을 하지 못할 것이다."

사랑하는 한국 교회에 호소합니다. 지금 자식 잃은 세월호 유족들이 한없이 지쳐 있습니다. 단식과 더위 그리고 장맛비로 몸이 망가져 갑니다. 집에 남아 있는 어린 자녀들에 대한 염려도 뒤로한 채 오로지 진실만을 알고자 합니다. 그런 상황인데도 그들은 특별한 대우를 받고자 떼쓰는 몰염치한 존재로 어버이연합회로부터 수모를 당하고 있습니다. 또한 100일 추모제를 지내면서 정부와 관료들 그리고 공권력의 횡포를 여실히 경험했습니다. 그렇기에 지친 몸으로 단식을 이어가고자 합니다. 자식 팔아 돈을 얻고자 한다는 악의 찬 홍보에 맞설 목적에서입니다. 목숨을 잃은 학생들 중에는 예술가, 가수를 비롯해 목사, 신부 지망생도 있었다고 합니다. 우리 교회 학생들이 아니었다고 내 자식이 아니었다고 이제는 그만 잠잠할 것을 그들에게 요구하시겠습니까? 우리가 이 모든 것을 남의 일이라고 치부할 경우, 정작 우리가 원할 때, 우리에게 큰 일이 닥칠 때 그 누구도 우리 편이 되어주지 않을 것입니다. 아직 기독교 인구가 많으니 걱정 없다 자신하시겠습니까? 오늘 우리가 그들의 이웃이 되지 못할 경우 세상은 우리를 등질 것입니다. 교종의 목숨 건 개혁 의지를 배우지 못할망정 가톨릭과의 일치를 거부하는 기독교의 모습으로 어찌 우리의 미래가 있다 하겠습니까?

이제 말을 줄여야 할 때가 되었습니다. 성서는 피조물들이 너무 슬퍼 스스로 탄식조차 못 할 때에 그들을 대신하여 탄식하는 존재를 성령이라 합니다. 지금 유족들은 슬퍼할 겨를이 없습니다. 일생 동안 한 번도 경험하지 못한, 생각하지도 못한 싸움을 하고 있는 까닭입니다. 지금이라도 그치고 싶은 마음이 들 때가 한두 번이 아니었다 합니다. 그럼에도 이들이 지금도 일선에 서 있는 것은 성령께서 대신 탄식하는 까닭입니다. 그렇기에 저는 지금 우리 교회에 호소합니다. 수백

명의 자식을 잃은 시공간, 그것이 옛 라마였고 예루살렘이었으며 오늘의 안산일진대 그들의 탄식소리를 듣고 마음을 합하는 것이 바로 성령 체험인 것을 숙지하십시다.

한국 사회의 총체적 부실을 드러낸 세월호 참사 앞에서 "가만있지 않겠습니다. 행동하겠습니다"라고 외쳐봅시다. 세월호 이전과 다른 나라, 다른 교회, 다른 우리가 되기 위해 무엇부터 달라지고 변해야 할 것인지를 하느님 앞에서 물어보았으면 좋겠습니다. 세월호 유족들이 한없이 지친 지금 그래도 본뜻을 잃지 않고 진리를 위해 선한 싸움을 싸우고자 하는 이들 곁에 서는 것을 하느님의 명령이자 신앙의 일로 여기며 삽시다. 이를 하느님이 주신 마지막 기회로 알고 최선을 다해보십시다. "슬픈 자와 함께 슬프고 기쁜 자와 함께 슬퍼하라"는 성서 말씀을 살 수 있는 절호의 기회입니다. 세월호 유족들을 우리의 이웃이자 내 몸처럼 여길 수 있는 진리의 실험에 실패하지 않았으면 합니다. 권력의 상징인 대통령이 못했던 공감의 힘을 우리 신앙인들이 맘껏 펼쳐봅시다. 그래서 권력의 별것 아님을 만천하에 드러내봅시다.

아직도 우리에게 더 큰 슬픔이 필요하다
- 수많은 유언비어의 사실(fact)이 밝혀질 때까지 -

　조만간 이 땅을 밟을 교종께서 아르헨티나의 한 대형화재로 인해 수백 명의 청년이 목숨을 잃자 백성들 앞에 나아가 이렇게 말씀했답니다. "더욱 애도합시다. 철저하게 슬퍼합시다." 세월호 유가족을 단식 장으로 내몬 것도 부족하여 이제는 잊어야 한다고, 여름철 휴가를 다녀오라고 애써 권하는 우리 정부와 너무도 변별된 모습입니다. 잊히는 것을 가장 두려워하는 유가족 가슴에 정부는 대못을 또 한번 박은 것이지요. 세월호 참사로 '부모는 자식을 잃었고 백성은 국가를 잃었다'는 세간의 말이 조금도 틀리지 않습니다. 이런 이유로 유족들은 광화문 광장에서 마주칠 교종과의 만남을 내심 간절히 기다릴 것 같습니다. 정부는 유족들을 방어막 밖으로 내칠 기세이지만 말입니다.

세월호 참사 1백 일을 지나면서 우려할 일, 우리 관심을 분산시킬 만한 많은 사건들이 터졌습니다. 상당 규모로 치러진 금번 보궐 선거의 결과가 지난 대선의 악몽보다 끔찍했다고 평하는 이들이 많습니다. 세월호 특별법 처리를 기대했던 사람들의 절망이 매우 컸던 탓이지요. 망각을 요구하는 그들 입에서 나오는 말들이 더욱 거칠고 야비해졌습니다. 예상했던 일이지만 공분을 크게 살 일입니다. 하지만 팔레스타인 자치구를 무자비하게 공격하여 수백 명의 사상자를 낸 이스라엘의 만행, 젊은 생명을 죽음으로 몰아간 이 땅 군대 조직의 비극 그리고 어른들에 의해 잔인하게 희생된 진해 여고생 사건 등을 목도하며 우리의 고통과 슬픔을 어찌 나눌까를 걱정했습니다. 이 모두 국가가 직간접적으로 연루된 중대 사안으로서 관심 둘 일이건만 세월호 참사에 집중하기 위하여 애써 마음을 접고 있는 중입니다. 물론 단식 중, 무더위나 폭풍우도 감당하기 쉽지 않은 현실입니다. 그럼에도 자신들의 휴가를 광화문 유족들과 함께하려는 시민들의 발걸음이 이어지는 것을 보며 힘을 얻습니다. 사실이 밝혀질 때까지 결코 끊어져서는 아니 될 귀한 발걸음입니다.

시간이 흐를수록 밝혀지는 것은 없고 쌓이는 것은 의심뿐입니다. 주지하듯 백성들은 경찰과 검찰이 조사했던 수많은 사건을 조작 수준이라 판단하고 있습니다. 누구도 그들의 조사 결과를 믿고자 하지 않습니다. 세월호 침몰 원인부터 유병헌 시신 부검 그리고 그의 아들 검거에 이르기까지 모든 것에 대해서 말입니다. 자기 검열에 충실한 채 정권의 입맛과 조율하는 일에만 관심을 갖는 다수 언론에도 결코 신뢰를 주지 않습니다. 남의 고통을 희화하며 야단법석을 떠는 종편들에 마음을 빼앗기는 듯 보였으나 실상은 달랐습니다.

　최근 조사에 따르면 연령대 간의 차이에도 불구하고 국민들 과반수가 수사권과 기소권을 지닌 특별법에 찬성했던 까닭입니다. 이는 결국 세월호 참사로 야기된 무수한 유언비어를 백성들이 일정 부분 사실로 믿고 있다는 반증일 것입니다. 예나 지금이나 집단지성으로서 다중(多衆)의 통찰력은 대단합니다. 세월호 참사의 진짜 이유가 은폐될수록 이들의 상상력과 판단은 예리해질 것이고 더 많은 유언비어를 유통시킬 것입니다. 예부터 '민심은 천심'이라 했습니다. 유언비어는 사실이 왜곡되고 억압 받을 시, 민심이 만들어내는 천심이란 말입니다. 그렇기에 유언비어는 결코 거짓된 날조가 아니라 백성들 마음이 담긴 하늘의 소리인 것을 위정자들이 깊이 알아야 할 것입니다.

　이런 점에서 기독교 신앙의 핵심인 예수의 부활 역시도 유언비어(?)라 말할 수 있겠습니다. 종교권력과 정치권력이 합작하여 자신들에게 거추장스런 예수를 십자가에 달아 처형했는데 그런 그가 다시 살아났다는 것은 로마와 대제사장들에게 의당 유언비어로 치부되어야 마땅했습니다. 당시 권력자들에게 예수의 부활사건은 함구해야 할 정치적 유언비어와 다름없었을 것입니다. 실제로 성서는 특히 마가복음의 경우, 로마가 예수를 죽였으나 실상은 예수가 로마를 이겼다는 가르침을 부활의 메시지로 전하고 있으니 로마로서는 의당 그리했을 것입니다. 이처럼 권력자들이 유언비어라 여긴 부활은 정작 당시 백성들에게 진리였고 희망이었으며 용기였습니다. 삶의 방향을 달리하는 사건이었고 인생에게 새로운 관(觀)을 선사하는 엄청난 변화였습니다. 그때처럼 지금도 유언비어는 계속 만들어지고 있습니다. 유언비어란 진실을 밝혀달라는 이 땅 민중들의 아우성입니다. 하여 세월호 참사를 당한 유족들과 그를 안타깝게 여기는 이 땅의 백성들을 죽음이 아닌 부활로 이끌기 위해서라도 유언비어의 실상은 낱낱이 밝혀져야 옳습니다.

그렇기에 성역 없는 조사가 보장되지 않는 한 우리 기독교인들에게 세월호 참사는 예수를 차디찬 무덤 속에 가두는 일과 다르지 않습니다. 이것은 의의 최후 승리를 보장하지 못하는 패배의식의 일면입니다. 불행하게도 어느 언론, 방송도 사실을 사실대로 밝히겠다는 의지를 보이지 않고 있습니다. 잊히기만을 바라며 여전히 우리를 경제동물로 만들고자 할 뿐입니다. 하지만 세월호 참사라는 아픔을 겪으며 개인과 우리 모두는 새로운 세상을 기대합니다. 돈이 아닌 생명의 소중함이 지켜지는 나라, 누구나 일용할 양식을 얻을 수 있는 노동의 현실, 획일적 잣대에서 빗겨난 새로운 교육제도, 가족의 소중함을 지켜주는 사회, 총체적으로 정의와 법으로 약자의 삶이 보장되는 새로운 세상을 만들지 못한다면 우리는 이 땅의 총체적 불의로 인해 생명 잃은 그들 영전에 설 수도 없을 것입니다. 그럴수록 그들의 부활은 이렇듯 새로운 대한민국의 현실로 나타나야 마땅합니다. 이 일을 위해 우리에게 필요한 것은 '사실'을 아는 것이고 세월호 특별법을 제정하여 옳게 운용하는 일일 것입니다. 진실을 두려워하는 이들에게 진실의 힘을 가르치고 믿도록 하는 일은 이 땅 종교인들에게 남겨진 몫입니다. 진실을 찾아 지켜낼 수 없다면 부활을 선포할 자격도 잃습니다. 예언도 환상도 모조리 빼앗길 운명입니다. 정말 그것은 부활신앙을 사장하는 일이자 304명의 영혼을 또다시 진도 바다 속에 수장하는 일과도 같습니다. 그래서 종교인으로 제대로 산다는 것은 힘들고 어렵습니다. 더구나 기독교인의 가치가 한없이 추락한 현실에서 이런 말을 하는 것조차 버겁기 그지없습니다.

그럼에도 진실이 밝혀질 때까지 우리의 슬픔은 끝날 수 없습니다. 아이들을 살릴 수 있는 마지막 순간(골든타임)에조차도 국가는 그곳에 없었던 탓입니다. 유언비어 속의 진실이 인정될 때까지, 국가가 자신의 민낯을 여실히 드러내는 순간까지 우리의 애도는 끝나서는 아니 됩니다. 부활한 예수는 하느님 나라를 선포하며 공생애를 시작한 갈릴리로 가겠다고 하셨습니다. 그 갈릴리는 오늘 우리에게 팽목항이며, 진도이고 안산이며, 광화문이고 국회의사당입니다. 바로 그곳에 오늘 우리의 교회가 자리해야 합니다. 예수의 제자들이 갈릴리로 옮겨갔듯 오늘의 교회 역시 자신의 거처를 그곳으로 이동해야 마땅하겠지요.

다시 교종의 말이 생각납니다. 이 땅의 백성들이 교회에게 요구하는 것은 실천이란 말입니다. 오늘의 갈릴리에서 교회가 감당할 실천이 무엇이겠습니까? 섣부른 위로보다 더욱 철저히 같이 애도하는 교회가 되기를 바랄 뿐입니다. 진실이 묻히지 않도록 죽을힘을 다해 애쓰는 것이 세월호 참사 이후를 준비하는 교회의 실존인 것을 잊지 맙시다. 부활을 믿는 교회라면 지금 억울하게 죽은 뭇 영혼을 살리는 일에 최선을 다해야 합니다. 그것은 진실을 제대로 밝혀 그들의 죽음을 헛되지 않게 하는 일일 것입니다.

이를 위해 하느님께서 교회에게 올 8월 15일 귀한 기회를 주셨습니다. 우리 모두 시청 광장에 모여 타는 목마름으로 하늘을 향해 호소할 수 있는 까닭입니다. 교회의 여름 행사가 끝났다면 교회들도 이곳 광화문에서 단식하는 이들의 고통을 함께 느껴보았으면 좋겠습니다. 목사와 교우들이 유족들의 슬픔에 충분히 공감하는 모습을 보고 싶습니다. 교종 오는 일에 기쁨을 느끼면서도 초라한 개신교의 위상을 걱정한다면 8월 15일 함께 모여 진실이 밝혀질 때까지 크게 소리치며 이 슬픔을 함께 이어가십시다.

교회의 복음화 없이 세상의 복음화 없다
- 교종 방한 메시지의 일면을 묵상한다 -

드디어 교종께서 세월호 참사로 고통 중인 이 땅에서 4박 5일의 일정을 마치고 돌아가셨다. 쌍용차 노동자들의 죽음, 세입자들을 희생양 삼은 용산 참사 그리고 이 땅의 총체적 부실을 드러낸 세월호 사건이 연이어 터졌건만 누구도 책임지지 않는 현실에서 교종은 그들의 메시아로서 기쁜 소리를 정신없이 쏟아 붓고 홀연히 본국으로 돌아간 것이다. 그가 머문 1백여 시간 동안 우리 백성들은 종파를 떠나 충심으로 그를 환호했고 예수를 본 듯 기뻐했다. 그의 명확한 언사와 행동이 복음서의 첫 장의 예수 어록과 아주 닮았던 까닭이다. '가난해라, 용서(화해)해라, 베풀어라, 자유하라, 기억하라, 낮아지라, 정의롭게 평화를 이루라' 등.

수많은 사람들이 각자의 관점에서 교종 방한의 의미를 시시각각 전하고 있다. 언론들도 저마다의 관점으로 방점을 달리 찍는다. 분명한 것은 대통령과 교종이 비교되었고 이곳 추기경과 그가 달리 보였으며, 대형교회 소속 교인들은 자신들 목사와 그가 너무도 이질적으로 여겨졌을 법하다. 주교들을 대상으로 가난한 교회를 역설했던 그의 설교문 한 단락이 통째로 생략된 채 소개된 것은 그의 존재가 정작 신/구교를 막론한 종교집단에게 불편한 진실이었음을 증명한다. 세월호 참사가 있던 슬픈 부활절, 그에 대해 침묵했던 다수 대형교회 강단이 교종에 대해 사이비, 이단 운운하며 그 존재 의미를 부정한 것도 같은 맥락일 것이다. 하지만 교종의 메시지는 분명했다. 고통당하는 사람들 앞에서 결코 중립적일 수 없다는 것이었다. 그래서 그는 만류에도 불구하고 노란 리본을 가슴에 달고 모든 미사를 집전했다. 이 땅의 주교들 옷자락에서 정작 노란색이 보이지 않은 것에 견줄 때 확연히 다른 모습이었다.

교종은 팽목항까지 900Km를 왕복한 두 아버지의 손때 묻은 십자가를 본국으로 가져갔다. 이곳에서만이 아니라 자기 땅에서도 한국의 고통을 잊지 않겠다는 다짐이었다. 그중 한 아버지는 자식 잃은 고통 속에서도 은총을 경험했다. 세례를 받고 그리스도의 제자가 된 것이다. 자신의 한 맺힌 절규를 노란 봉투 속에 담아 교종에게 전한 광화문 아버지의 야윈 얼굴에서도 스치듯 기쁨이 엿보였다. 자신의 손가락 중 하나를 어린 정박아의 입 속에 넣고 한참이나 빨게 했던 모성조차 보였으니 교종의 자발적 공감 능력에 우리 모두 무릎을 꿇어야 했다.

아시아 청년들에게 전한 메시지, 깨어나 저항하라는 외침은 체제

밖 사유를 가르친 예수 정신의 되새김이었다. 체제 안에서 절망하지 말고 환상과 저항을 통해 체제 밖, 곧 하느님 나라를 사유하라는 것이다. 시복식의 강론 역시 간단명료했다. 그들의 순교를 기억하며 이 시점에서도 순교자의 삶을 살라는 것이다. 안락한 종교 공동체에 안주하는 것에 만족하지 말고 그리스도의 제자가 되라는 가르침이었다. 제자를 만들지 못하는 교회는 그리스도를 한갓 이념이나 신화로 만드는 것과 다름없다는 본회퍼의 말과 정확히 중첩되었다.

이제 교종은 더 이상 이곳에 없다. 그리고 실상 그는 우리의 난제들을 정치적으로 풀 수 있는 힘을 갖지 못했다. 상상하고 기대하듯 구세주일 수 없는 것이다. 그의 메시지를 가톨릭이란 한 종단의 틀에 제한할 이유도 없어 보인다. 우리 모두가 종파를 넘어 그의 일거수일투족에 공감하며 환호했다던 이유는 그의 메시지가 모든 종교 심지어 무신론자들과도 소통할 만한 보편성을 함의했던 까닭이다. 그럼에도 우선 가톨릭 신자들에게 부탁하고 싶은 말이 있다.

이처럼 교종 방한을 우리 민족 구성원 모두가 환호했다면 그가 품었던 이 땅의 고통을 잊지 않기 위해서라도 광화문 광장으로 다시 발걸음을 옮겨 달라. 교종은 떠났으나 그가 있듯이 한마음으로 가슴에 노란 리본을 달고 세월호 유족들이 마음 곁으로 달려오라. 그것이 바로 그가 남긴 사자후, 메시지의 본뜻이었음을 가톨릭 신자들은 기억해야 옳다. 공적인 광화문 광장에서 열린 가톨릭의 시복식을 이 땅의 종교들은 맘껏 존중하며 지켜보았다. 누가 봐도 시복식의 장소로는 적합하지 않았음에도 말이다. 하지만 이후 가톨릭의 모습이 이렇듯 바뀐다면 우리 백성들은 못난 정부의 가톨릭 눈치 보기를 용서할 것이며 이후라도 가톨릭교회를 더욱 사랑하게 될 것이다.

그럼에도 이 글의 주된 관심은 교종의 교회에 대한 염려에 있다. 제목이 적시하듯 교종은 교회가 달라지지 않는다면 세상 역시 변할 수 없다고 믿는다. 가톨릭교회의 추문이 끊이지 않았던 탓이겠으나 이는 개신교회의 경우에도 조금도 덜하지 않았다. 그가 한국 주교들에게 일갈하며 전한 비판적 메시지는 개신교 내 다수 대형교회들의 실상에 대한 고발과 같았다.

무엇보다 교회가 일반적인 사회 공동체들과 조금도 다르지 않다는 것이 첫 번째 지적이었다. 돈의 가치를 앞세워 교회 역시 '빌어먹지' 않고 '벌어먹는' 단체가 되어버린 탓이다. 성숙 없이 성장한 교회의 실상에 대한 은유적 표현일 것이다. 두 번째는 교회가 신비(영적) 차원만을 강조하며 예언의 누룩 역할을 잊고 있다는 질책이었다. 이는『영적 파산』이라는 책을 썼던 신학자 존 캅의 지적과도 유사하다. 개인적인 종교성, 영성에 안주하여 사회적 역할을 잊은 교회를 영적으로 파산한 상태라 일컬은 것이다. 교회의 신비성은 예언자성과 결코 나눌 수 없다. 세 번째로 교종은 시종일관 가난한 교회가 될 것을 주장했다. 그는 성장과 번영의 유혹에 굴복하여 빈자를 소외시켜 그들 발길음을 교회에서 멀어지세 하는 교회를 '악마적'이라 비판했다. 십일조 못 하는 교인을 구원받을 수 없다 하며 교인 자격을 박탈하는 개신교 목회자들을 향한 경종이라 할 것이다.

어린 시절부터 가난을 경험했던 교종의 눈에 교회의 복음화는 바로 이런 모습들이었다. 이런 삶을 창조하는 것이 그리스도의 신비한 몸으로서 교회의 현존이었고 세상을 향한 기쁜 소식이었던 것이다. 따라서 그는 교회의 복음화 없이는 세상의 복음화도 없다 했으며 그럴수록 복음화되지 못한 교회와의 선한 싸움을 시작했다. 왜냐면 교종은 교회 복음화에 가장 걸림돌을 사제들이라 여겼기 때문이다. 가톨릭교회는 2013년 제2차 바티칸 공의회 50주년을 맞으면서 이 점을 반성하기 시작했다.

하지만 작금의 개신교회들에서 목사들 스스로 그리 생각하는 양심적 사람이 얼마나 있는지 모르겠다. 세월호 대참사, 유족들의 고통이 바로 눈앞인데 성지순례, 선교란 이름으로 집단 외유를 떠나는 성직자를 향한 이들의 눈길이 두렵지 않았다면 그런 자신이 장애물이었음을 숙지할 일이다. 신학자들 역시도 조금도 다르지 않다. 학문을 한다는 미명으로 현장에 발길 한번 하지 않는 그들에게서 복음의 빛을 기대하기 어렵다. 신학의 언어가 교회는 물론 사회적으로도 불통되는 이유인 것이다.

교종이 떠나간 자리에 우리가 풀어야 할 과제만 가득 쌓여 있다. 그가 잠시나마 우리의 희망이었듯 우리 역시 그의 희망이 되어야 할 것이다. 신/구교를 막론한 교회의 할 일이 산더미다. 누가 더 가난한 자의 벗이 될 수 있을지, 아니 누가 더 가난하게 될 것인가를 위한 선한 싸움이 필요한 시점이다. 이것은 예수를 믿고 따르는 우리 자신에게 해당하는 물음이기도 하다. 영생을 구하다가 가진 것 팔아 이웃에게 주라는 말씀을 듣고 근심하여 돌아간 사람처럼 되어서는 아니될 일이다. 우리에게 기도는 이런 일을 감히 감내할 수 있도록 절실하게 구하는 일이어야 할 것이다. '주여 우리의 믿음 없음을 도와주소서'라고.

지난 며칠 동안 세월호의 고통과 교종의 따뜻한 눈빛이 교차되며 이 땅의 사람들 마음을 부드럽게 변화시켰다. 많은 이들이 세월호 참사 이전과 이후는 다른 삶이 이 땅에 펼쳐져야 한다고 역설했다. 거듭 강조하는바, 이를 위해 사실(fact) 규명은 절대적으로 필요하다. 이것 없이는 한 걸음도 나갈 수 없고 한 치도 달라질 수 없다. 한국 교회가 민족의 복음화를 원한다면 이 일부터 앞장서야 할 것이다.

지금도 늦지 않았다. 시대의 징조를 포착하는 일에 어둡다면, 자기 영역에만 안주한다면, 고통 받는 이들과의 공감력을 상실한다면 우리 교회의 미래는 없다. 교회가 공적 힘을 잃고 사적 기관으로 변질될 경우 그것은 맛 잃고 버려질 운명에 처할 것이다. 민족으로부터 버림받기 전에 먼저 그를 품는 넉넉한 도량의 교회가 되는 준비를 하기를 소망한다. 이에 이 땅의 생명 평화를 꿈꾸는 젊은 목회자들이 작년에 이어 두 번째로 '작은 교회가 희망이다'란 주제로 아주 소박한 작은 교회 박람회를 계획하고 있다. 신학적 · 교파적 차이를 넘어 즉 새로운 에큐메니즘 차원에서 시대에 저항하는 새로운 교회상을 정립할 목적에서다.

지금껏 알려지지 않았을 뿐 교종께서 전한 소중한 가치를 살아낸 개신교 목회자들이 의외로 많았다. 참으로 고맙고 반갑고 희망적 징조라 할 것이다. 우리 사회와 교회를 향해 토해내는 이들의 사자후 (獅子吼), '작은 교회가 희망이다'에 주목해줄 것을 부탁한다. 이 화두야말로 사회의 복음화를 위해 교회의 복음화를 실현하고자 하는 교종의 언설에 대한 개신교적 응답인 탓이다. 가톨릭교회보다 개신교가 가난한 자들을 위한 교회로 더욱 쉽게 달라질 충분한 여력이 있다고 확신한다.

소위 '세월호 세대'의 미래를 염려한다
- 김영오 님의 단식 40일의 고통을 생각하며 -

　　유민 아빠 김영오 님의 스러져가는 모습을 실시간으로 접하며 우리는 미안하고 또 미안해야만 했다. 예수나 석가에게서나 가능한 단식 40일이 눈앞인 지금 그의 몸은 근육까지 소비하며 힘겹게 지탱되고 있다. 그런 그를 보며 우리는 밥을 먹는 것도 잠을 자는 것도 죄스러워 어쩔 줄을 모르겠다. 그를 위해 할 수 있는 것이 하나도 없어 광화문을 서성이거나 이렇듯 글이나 쓰고 있는지도 모를 일이다. 그의 생명을 살리려면 진실이 밝혀져야 할 것이고 그 드러남을 위해 교종 방한 시처럼 사람들이 모여야만 할 터이다. 그러려면 유족들의 소망대로 세월호 사태가 잊히면 아니 될 것인데 사람들은 피로해하고 정부는 유족들 이간질에 얼굴 부끄러운 줄 모른다. 하지만 억울하게 죽은 딸만을 생각하는 유민 아빠의 생사를 건 투쟁, 그를 지켜보는 우리에게 피로감이란 말조차 사치스럽다. 그리 생각한다면 사람의 탈을 썼다 할 수 없을 것이다. 정권의 무능과 타락, 방임으로 배와 함께 가라앉는 자식을 생생하게 목도한 부모의 심정을 조금이라도 헤아린다면 말이다.

여야를 막론한 주변의 정치가란 자들은 온통 자신들 실리 챙기느라 자식 잃은 부모의 한 맺힌 절규를 외면하며 아비의 목숨마저 죽음으로 내몰고 있다. 본래 진실이 두려운 자들에게 아무것도 기대치 않았으나 그래도 친구라 여긴 야당 정치인을 바라보며 유족들은 희망을 품었다. 대통령의 눈물이 거짓인 것이 드러났어도 슬프지 않았지만 마지막 순간 정치적 이해타산을 앞세운 그들의 배반으로 유족들은 피눈물(漏血)을 흘려야 했다. 사실을 감추려는 통수권자의 의지가 아무리 강해도 진실을 위해 자신의 정치적 생명을 거는 정치인 두세 사람만 있다면 세상은 달라질 수 있다. 그런 그를 백성들이 다시 살려낼 것인데 그런 확신이 없었던 모양이다. 백성의 힘과 판단을 믿지 못하는 자라면 일찌감치 정치 일선에서 떠나야 옳다. 이처럼 유족들을 버림받게 하면서 민중의 공복이 되겠다는 당신들 실체를 우리가 명백히 알게 되었다.

단식 40일째 되는 날 우리 모두는 긴장했다. 기독교적으로 의미 있는 숫자였기에 이날을 예사롭지 않게 지켜보았고 광화문 그 곁으로 모이자고 했다. 주치의에게 최악의 몸 상태란 말도 들은 터였기 때문이다. 불행 중 다행으로 그는 병원으로 실려 갔다. 그곳에서조차 김영오 님은 단식 의사를 밝히며 세월호 사건의 진실만을 요구했다.

필자는 그가 처음 단식을 시작하던 때를 기억한다. 광화문 천막에서 본래 유족 세 사람이 단식을 시작한 것 같다. 다른 두 분이 많은 말을 쏟아내며 방문자를 맞고 있을 때 그는 한걸음 뒤에 머물며 그들과 어떤 말도 섞지 않았다. 그런 그를 필자는 오랜 시간 지켜보았고 기회가 되는 대로 대화를 시도했다. 연약한 체구의 그는 겸손하고 온유했으며 결코 말을 많이 뱉지 않았다. 하지만 함께한 동료들이 쓰러진 뒤 그는 의연하게 홀로 40일을 견디며 맞서 싸웠다. 대통령과 자신을 진리 싸움을 위한 대대(待對)적 관계로 설정했던 것이다. 억울한 민중은 자신의 한을 풀기 위해 어떤 권력도 두렵게 생각지 않는 모양이다.

병상에서 자신 곁에 누운 어린 딸을 보면서 그가 무슨 생각으로 여전히 단식만을 고집하는 가를 헤아려본다. 자신마저 어찌 되면 홀로 남게 될 딸의 앞날이 얼마나 걱정될 것인가? 아빠만을 바라보는 딸은 침상에서 뼈만 남은 그의 몸을 만지고 껴안으며 행복해한다. 이쯤 되면 생사를 건 그의 단식은 개인적 고집을 넘어 진리를 위한 숭고한 희생의 차원을 갖는다. 살신성인(殺身成仁)이란 말이 이에 해당될 것이며 진리만이 너희를 자유케 한다는 예수의 선언을 떠올려도 좋겠다. 그의 투쟁은 인간성을 잃어버린 국가와 사회에 대한 저항이며 옳음에 둔감해진 이 땅 종교들에 대한 의분이 아니겠는가? 그렇기에 그는 마지막 몸을 불태우면서도 오히려 자신을 걱정하지 말고 세월호 진실만을 밝혀달라고 호소했던 것이다. 세월호 진실은 이 땅의 미래를 위해서도 결코 묻혀서는 아니 될 중차대한 사안이다.

이것은 대한민국을 통째로 삼켜버릴 싱크홀과도 같다. 그렇기에 세월호 특별법은 애당초 축소, 은폐의 여지가 없이 탄탄하게 만들어야만 할 것이다.

인생을 때 묻혀 살아온 어른들일수록 피로감에 젖어 빨리 일상으로 복귀하고자 한다. 하여 그들은 유민 아빠보다 자갈치 시장을 찾은 대통령에게 더 많은 눈길을 주는 듯했다. 빨리 보상하고 사태를 종료하는 것이 유족과 국가 모두에게 좋을 것이란 말이 정치권에서 자연스럽게 흘러나온다. 그러나 소위 '세월호 세대'라 불리는 학생들의 경우 어른과 달랐고 이런 정치권을 무색케 했다. 유람선을 탄 수학여행을 꿈꾸며 최소한의 일탈을 즐기던 그들의 생각이 오히려 유민 아빠와 같았다. 하지만 동시에 그들은 정부의 태도를 보며 자신의 미래뿐 아니라 이 땅의 미래를 포기해버렸다. 김영오 님의 희망의 끈을 오히려 절망으로 붙든 것이다.

〈한겨레신문〉(8월 21일) 조사에 따르면 90%를 넘는 학생들이 성역 없는 진상 규명에 대해 절망적이라 응답했고 재발 방지를 위한 국가적 대책 수립에도 거지반 같은 비율로 신뢰를 보내지 않았다. 자신들이 위기에 처할 시 국가가 방패막이 될 수 있겠는가 하는 물음에도 단 7%만이 그럴 것이라 답했다고 한다. 한 세대 이후 이 땅의 주역이 될 세월호 세대의 이런 반응은 한마디로 대한민국의 미래가 없음을 적시한 것이다. 그들 나름대로 이것이 국가인가를 지금 묻고 있는 것이다. 세월호 특별법을 당리당략 차원에서 접근하는 정부를 보며 국민의 자존감을 이 어린 세대들이 자발적으로 내팽개친 것이다. 이로써 우리의 미래는 사라졌다.

　한 나라의 미래는 옳은 기억에서 비롯하는 법이다. 옳은 기억 없이 한 치의 발걸음도 미래를 향할 수 없는 노릇이다. 세월호 세대들의 의식 조사가 바로 이를 정확히 고지하고 있다. 우리가 과거사를 잃은 일본을 지탄하는 것도 같은 이유에서다. 일본에게 그들 과거를 기억하여 사죄할 것을 요구하는 정부가 여론을 조장하여 사실을 파묻고자 한다면 정당치 않다. 지금이 어느 때인데 백성들을 분리시켜 지배하려 드는지, 상호 무관심한 존재로 타락시키려 하는지 알 수 없다. 다시 강조하지만 세월호 진실을 덮는다면, 김영오 님의 단식을 하찮게 여긴다면 30년 후 이 땅의 모습은 더욱 절망적으로 이 변하고 말 것이다. 자신들 정권을 위해 국가와 민족의 앞날을 망치는 누(累)를 범하지 말라. 우리가 그의 단식을 지지하는 것은 당신들 이상으로 민족을 사랑하고 나라를 지키기 위함이다. 세월호 세대를 이처럼 절망으로 몰아넣으면서, 미래를 볼모로 삼으면서까지 정부가 부리는 억지를 백성들은 용납하지 않을 것이다. 가해자들에게 가해자들의 심사를 맡길 수 없는 노릇 아니겠는가? 더 이상의 골든타임을 놓치기 전에 책임자가 책임 있게 매듭을 풀라.

　김영오 님 없는 광화문 천막이 너무도 허전할 줄 알았다. 하지만 우리 백성들은 그 공간을 그리 만들지 않았다. 수만 명의 단식 동조자가 생겨났고 더 많은 사람들이 천막에서 시간을 보내고 있다. 무엇보다 김영오 님의 생명을 살리기 위한 종교인들의 각오가 새로워졌다. 세월호 진실을 지키는 것이 유민 아빠를 살리는 길이라 믿고 그가

했듯 단식을 준비하고 계획하는 이들이 생겨난 것이다.

이 땅을 떠난 교종 역시도 한국 방문의 키워드로 '기억'과 '희망'이란 단어를 들었다 한다. 그 역시 '기억 없이는 희망도 없음'을 증언하는 게 종교의 본질이라 여긴 것이다. 이제 기억하고자 하는 이들과 그것을 기억의 수면 아래로 묻고자 하는 이들의 본격적 싸움이 시작되었다. 이것은 결코 정치적 투쟁이 아니다. 참으로 자유롭기 위한, 이 땅의 미래를 위한 종교(신앙)적 투쟁이다. 그렇기에 모두가 지치고 힘든 이때 종교인 모두는 세월호 참사를 잊기를 바라는 언론의 낙수를 거슬러 올라가야만 것이다. 이 땅에 더 이상의 싱크홀이 발생치 않도록 깨어 성찰할 것을 유민 아빠의 단식 40일을 지켜보며 무엇보다 기독교 신앙인들에게 간절히 호소한다.

어떻게 우리의 두려움을 용기로 바꿀 수 있겠는가?
- 세월호 유족과 광화문 시민의 위대한 힘을 믿자 -

꽃피는 봄날, 꽃과 같은 아이들을 바다에 묻은 지 오래, 절기는 여름을 지나 가을에 이르고 있다. 벌써 거리는 이른 추석 탓에 들뜬 분위기이나 광화문의 단식단과 청운동의 유가족에게 이 가을 명절마저 실종될 것 같아 안타깝기 그지없다. 자식을 앞세운 부모가 어찌 조상 낯을 대면하겠으며 자식 없는 텅 빈 공간에서 남은 이들이 어찌 얼굴을 맞댈 수 있겠는가? 지난여름 땡볕과 장마에도 광화문을 지켜준 선한 이웃들에게도 이 가을이 너무도 허망할 듯싶다. 진실을 밝혀 한을 풀고 유족들을 일상으로 복귀시키지 못한 탓이다. 그래도 한 주간 앞둔 추석을 떠올리며 흘린 피와 땀의 결실을 간절히 기대해본다. 그 시점까지도 유족과 전국 곳곳의 선한 시민들이 이렇듯 길거리로 내몰릴 경우 우리는 정말 '이것이 국가인가?'를 중히 되묻게 될 것이다.

정신없어 잊고 있었으나 올해가 갑오 농민혁명이 일어난 지 120년 되는 때이다. 60년이 두 번 지난 지금 그 혁명의 기운이 새롭게 움트는 뜻있는 시점이다. 올 초 정부는 갑오경장만을 기념했을 뿐 동학혁명에 대해서는 한 마디 언급도 하지 않았다. 같은 해의 사건이긴 했으나 경장이 정부, 더구나 일본 주도하의 상향식 개혁이었던 반면 동학은 민중들, 오늘의 시민들의 희생에서 비롯한 거룩한 이 땅의 역사였다. 경장은 성공한 듯했으나 실패했고 혁명은 실패에도 불구하고 성공하여 오늘 광화문에서 그 뜻이 펼쳐지고 있다. 언제나 그랬듯 정부 주도의 개혁은 소수 기득권자를 위한 것이었고 혁명은 기득권자들에 대한 민중, 시민들의 저항으로서 살고자 하는 의지 표명이었다. 자식 잃은 부모의 아픔(참척慘慽)을 하찮게 여기는 이 나라 정부가 아무리 국가개조를 외친다 한들 2014년의 경장은 실패할 것이고 광화문혁명은 성공할 것이다.

곳곳에서 유족과 그들 아픈 마음에 공감하는 시민들을 타자화하는 정부의 차디찬 눈길을 마주한다. 거짓 정보를 흘려 유족을 조롱했고 사람을 시켜 거룩한 단식의 뜻을 훼손했으며, 특정 단체를 동원해 여론을 흩트려놓기도 했다. 무엇보다 용서받지 못할 것은 유족들에 대한 주도면밀한 이간질 작업이다. 단원고 희생자들과 일반 희생자들 입장이 갈린 것도 권력 해바라기들인 집권 정치가들의 농간 탓이다. 그들은 경제 불황도 거리의 무질서도 오로지 세월호 유족들 때문이라 호도한다. 매일 최선을 다하겠다 다짐하며 사실에 근접해 보도하는 손석희 사장을 손보려 하기에 걱정이다. 정작 정부는 역사 왜곡에 앞장선 인사를 KBS 이사장에 앉히려 하면서 말이다. 이렇듯 자신들 잘못을 감춰 기득권을 유지하고자 정부는 백성들을 상대로 못할 짓을 마다하지 않는다. 그래서 민중, 시민들은 이것이 나라인가를 물었고 그 분노가 임계점에 이르고 있다.

정점을 찍고 수그러들었으나 영화 〈명량〉 속 대사들이 시대적 아픔에 위안이 되었었다. 충(忠)이란 임금이 아니라 백성을 향한 것이란 말이 그중 하나로 가슴을 울렸다. 하지만 정작 이순신의 고민 "어찌 백성들의 두려움을 용기로 바꿀 수 있을까?"란 대사에는 그리 주목하지 못한 것 같다. 열두 척의 배만을 갖고 전장에 임하는 이순신을 보며 백성들의 불안과 걱정이 얼마나 지대했을까? 싸움 자체를 포기하고 싶고 지쳐 도망가고픈 백성들이 수없이 많았을 것이다. 우리 정부는 지금 이런 우리의 속내를 백번 이용하고자 한다. 피로감을 더욱 극대화할 전술을 연구하고 종편 언론을 통해 허튼 소리를 쏟아내며 요지부동한 권력 행태를 맘껏 과시하고 있는 것이다.

이순신은 비단 열두 척의 배만 남았다 할지라도 삶의 바닥까지 스며든 민중들의 두려움을 용기로 바꿀 수만 있다면 승산이 있다고 믿었다. 자연의 도움 역시도 백성들의 합친 뜻을 능가할 수 없다는 것이 〈명량〉이 주는 교훈이었다. 이제 우리는 권력에 대한 두려움, 부추겨진 피로감을 새로운 용기로 바꿔야 하는 전환점에 이르렀다. 이를 고민하는 이순신과 같은 지도자가 있으면 좋으련만 그렇지 못할 경우 우리 각자가 이순신이 되어야 할 것이다. 바로 광화문 천막 뒷전에서 이순신이 우리를 지켜보고 있는 이유라 하겠다.

유민 아빠 김영오 씨의 46일 단식은 결코 예사로운 일이 아니었다. 사람으로서 감당키 어려운 인고의 시간을 견뎠을 터, 그 힘은 오로지 자식이 죽은 이유를 알고자 하는 진실에 대한 열망에서 비롯했다. 그 힘이 그로 하여금 대통령의 냉혈함과 맞서게 했고 무관심, 약속 파괴를 맘껏 질타할 수 있었다. 지난 46일간 무소불위의 대통령과 맞섰던 존재는 유민 아빠 오로지 그뿐이었다. 과거 선조가 이순신을 버렸듯 대통령이 김영오를 내쳤으나 정작 나라를 지키고 이 땅의 미래를 연 것은 오늘의 이순신, 김영오가 아니었겠는가? 최고 권력과 맞선 그의 단식은 수많은 이를 두려움과 피로감에서 탈출시켰다. 많은 정치가들을 광화문으로 불러냈고 수만 명에 이르는 자발적 동조 단식자들을 세웠으니 그야말로 두려움을 용기로 바꾼 우리 시대의 장수이자 의병이었고 예언자라 하겠다. 더구나 자신의 환갑날 그를 대신하여 40일 단식에 들어간 한 목사님이 있으니 우리 또한 두려움을 벗고 맞설 때가 된 것이다.

오늘 우리의 맞섬과 대듦은 결코 잘못된 것일 수 없다. 이는 무엇보다 가장 보편적인 인간성을 지켜 찾기 위한 노력의 일환인 까닭이다. 세상에서 가장 큰 슬픔을 억울하게 당한 이들의 한(限)을 풀어주는 것이 최소한 국가의 존재 이유일 것이다. 만약 그들 한이 이 땅을 유리(流離)하도록 방치한다면 국가의 앞날 역시 좋을 수 없다. 새로이 입법을 요구하는 것은 진실 규명을 목적한 일이기에 얼마든지 그리되어야 한다. 이미 수백 명의 법학자가 기소권과 수사권의 정당성을 주장하지 않았던가? 비슷한 수의 심리학자들의 호소도 이채로

웠으나 설득력 있지 않았던가?

백번 양보하여 다시 묻는다. 법체계가 흔들릴 것을 염려하는 당신들은 그간 얼마나 많은 불법을 저질렀고 법을 바꿔 나라를 통째로 삼켜버리지 않았던가? 친일로부터 독재로 이어지는 민족의 불행한 과거사가 세월호 참사 곁에서 유령처럼 떠도는 것 같아 마음이 불편하다. 민족 정통성을 지우려 했고 독재를 미화하더니 이제 세월호 기억조차 수장하려 꼼수를 부리니 어찌 맞서지 않을 수 있겠는가?

성서적 시각에서도 맞섬과 대듦은 의당 옳다. 부활의 예수가 갈릴리로 가라 한 것은 그곳에서 하느님 나라가 선포된 까닭이다. 세상의 중심이 약자에게 있다 하며 그들 하소연을 들어준 예수의 삶을 부활 이후에도 지속하라는 명령이었다. 함석헌의 말대로 맞섬과 대듦은 살아 있는 자의 모습이다. 부활의 생명을 덧입었다면 우리 모두 그리 살 일이다. 아무리 정부가 훼방을 놓고 그답지 못한 장난질을 쳤어도 세상의 민심은 할 만하니 대들어볼 것을 우리에게 권하고 있다. 한마디로 재협상하라는 것이다. 요지부동의 정권에 대해 그것이 옳지 않다는 의견을 제시했다. 그렇기에 오늘 우리의 혁명은 인류 보편적으로, 헌법상으로, 무엇보다 성서적으로 정당하다. 무엇이 두렵겠는가? 두려움을 용기로 바꿔 유족을 살리고 이 땅을 구원하며, '세월호 세대'들에게 그들 미래를 다시 돌려주자. 이것이 시대를 사는 성찰적 지성인들, 신앙인들의 피할 수 없는 사명이리라.

'슬픈' 부활절에서 '고통스런' 한가위로
- 이 땅의 정치가들, 당신들은 너무도 하찮다 -

    '슬픈' 부활절이 우려한 대로 '고통스런' 한가위로 이어지고 말았다. 교종 방문 시(時)의 기대를 민족의 명절 한가위로 미뤄봤으나 권력자들은 여전히 백성에게 마음을 다하지 않았다. 오히려 그 틈을 이용해 장기집회방지법을 발의하거나 상황 종료됐으니 넉넉한 명절 즐기라는 그들 식의 허황된 덕담만을 주고받는다. 인륜과 예의를 상실한 일베 집단의 횡포도 갑작스레 도를 넘어섰다. 한 정치가는 이를 보며 국가적인 정체 상태, 곧 불활성(Immobolism)이란 단어를 떠올렸다.

    통(通)할 이치가 상실된 불인(不仁)이 이와 짝할 수 있는 동양적 표현일 것이다. 한마디로 이 땅이 죽음의 공간으로 변질되고 있다는 표증이다. 따라서 세계 자살률 최상위 국가라는 말이 이제는 조금도 낯설지 않게 들린다. 세월호 유족 중 어머니 몇 분이 이런 정부에 절망하며 자식 곁으로 갔다는 말도 회자된다. 참으로 슬프고 기막힌 일이 지속적으로 이 땅에서 벌어지고 있다.

젊은 친구들을 물속에 수장시킨 채 부활을 맞았던 우리는 지금 유족들을 거리로 내몬 채 추석을 마주하고 있다. 고향 방문, 차례 등을 이유로 그들 천막 곁을 잠시 떠나야만 하는 시민들의 마음이 찢어지듯 아픈데 정작 대통령은 유족들 고통을 외면했고 하수인을 앞세워 광화문 현장을 덮을 궁리만 하고 있다. 특별법 서명 반대를 넘어 유족들을 향한 거짓, 날조된 정보를 유통시키는 주체가 몇몇 대형교회란 소식 또한 슬픔을 넘어 우리를 절망케 한다. 자식 잃고 거리에서 농성한다는 이유로 자신들 다니는 교회에서조차 불편한 존재가 되어버린 유족들의 절규가 얼마나 애절한지 상상할 수 있겠는가?

나라와 교회에서 버림받았다 여긴 이들에게 오히려 이웃 종교인들과 선한 시민들이 벗이 되고 있다. 한 생명을 실족케 하는 것이 연자 맷돌을 목에 걸고 물속에 잠길 만한 죄악인 것을 교회가 모르지 않을 터, 왜 이리도 무지하고 완악해졌는가? 어찌 나라가 이리 되었고 교회가 이렇듯 못된 나라를 닮아가고 있는 것인가? 나라가 무엇인지, 교회가 도대체 무엇이지를 거듭 되묻게 한다.

가족들이 함께 만나야 할 중추절 절기에 아직도 목 놓아 불러야 할 이름들이 있다. 정부 지원마저 시들해진 텅 빈 공간에서 시신(주검)만이라도 만나기를 애타게 기다리는 부모들이 있다. 흩어졌다가도 만나는 것이 가족인데 아직 품안에 있어야 할 자식들, 더욱이 형체조차 남기지 않았을 그들을 기다리는 부모 마음을 살피는 것, 이들의 마지막 구조를 기다려주는 것이 그리도 힘든 일이었을까?

이제 우리는 내 가족들과의 만남에 앞서 실종자 10명의 이름을 불러내(招魂) 그들 부모, 형제 앞에 세워보자. 남현철, 박형인, 조은화, 함지현, 허다운, 이 친구들아 지금 어디 있는가? 고창석, 양승철 선생님, 남은 학생들 지키느라 아직 그곳에 머무시는가? 권재근, 이명수 님 그리고 7살배기 권혁규, 가족들 애타는 소리 들리지 않는가? 저마다 자신들 이름을 부르며 팽목항을 떠나지 못하는 가족들 품에 이들 혼이 머물렀으면 좋겠다. 우리 역시도 금번 추석, 이들의 이름을 부르며 아니 304명의 이름 모두를 떠올리며 하느님과 조상들 앞에 무릎 꿇어야 할 것이다. 명절 이후 개신교 목회자 304명이 저마다 이들 각각이 되어 곡기를 끊고 하늘 향해 목 놓아 울부짖게 될 것 같다.

저마다 방식으로 자식들과 작별인사를 했던 부모일지라도 아직 그들은 자식을 보내지 않았고 보낼 수 없었다. 삶의 여유 없음으로, 기성세대의 시각에서 부모들은 자식들에게 못할 짓 했다 여겼던 까닭이다. 필요한 것 사주지 못했고 내뱉은 말은 모두 잔소리였으며, 함께 시간을 보내지 못했던 지난 아픔들 때문에 부모의 한(限)이 첩첩이 쌓여 있었다. 이제 막 사춘기에 들어선 아이들, 더러 벗어난 이들도 있었겠으나 부모 마음을 알 수 있는 처지가 아니었을 터, 부모는 자식에게 못해준 것만 기억에 남았을 것이다.

청와대 앞 청운동 예배 시 몇몇 어머니의 증언을 들은 적이 있었다. 중학교 입학 후 4-5년 내내 갈등하고 대립하다가 이제 막 대화의 물꼬를 트기 시작했는데, 의지하고픈 아들이 갑자기 사라진 것을 부모들은 견딜 수 없어 했다. 그렇기에 잊을 수 없는 아이를 잊으라 하는 것만큼 듣기 싫은 소리가 없다 하였다. 교회 내 목사들의 천국 위로 역시 결코 위로가 되지 못했다. 믿음이 없어서가 아니라 진실이 실종되었고 그것을 실종시킨 정부와 정부를 비호한 교회들이 미운 탓이다.

어미에게 자식은 바다 속 깊은 곳에 아직 잠겨 있다. 이들 한(限)이 풀어질 때까지 이들의 눈물은 마르지 않을 것이고 그들 눈물이 있는 한 광화문 천막 역시 사라질 수 없다. 그곳에 유족이 있는 한 이 땅의 백성, 시민들의 삶도 그곳에 함께 머물 것이다. 아무리 다수 교회들이 세월호 유족을 모멸 차게 외면할지라도.

한때는 권력의 가치와 존엄성을 인정하려고 애쓴 적이 있었다. 어느 경우는 주눅이 들어 움츠러들기도 했다. 하지만 요즘 정치권의 비인간적 행태를 보며 그들과 맞서고 싶은 생각만이 간절하다. 친일 행적에서 자유롭지 못한 선조들의 유전인자를 보유했음에도 창피한 줄 모르는 이들을 보는 것도 역겹다. 본말 전도된 시각을 갖고 기득권에만 집착하는 이들 때문에 정치가 하찮아 보인다.

이런 나의 주장이 감정에 치우친 언사만은 아닐 것이다. 법 전공자들의 정치적 논리에서 정작 법의 정신인 생명과 정의의 감각을 찾을 수 없었다. 그들 편에 선 소위 폴리패서(polifessor)란 자들 역시

형식논리에 목숨을 걸 뿐 인간적 고통에 대한 연민을 상실했다. 그들에겐 공직자의 자질인 겸손함이 없고 욕망과 처세 그리고 '말 빨'만이 있다. 자신이 붙든 나뭇가지가 썩은 것을 모르고 눈앞의 달콤한 꿀 (권력)에 혼을 빼앗긴 존재들일 뿐이다. 정작 한반도 정세를 19세기 말과 같은 풍전등화의 상태로 만들어놓고, 부정선거 시비에서 자유롭지 못하면서, 4대강 실책의 죄과를 치러야 함에도 불구하고 약자들을 내치며 백성을 이간질해 정권 유지에만 급급한 정치가는 이 땅의 죄인들일 뿐 결코 통치권자가 될 수 없다.

아마도 정권을 잡은 이들은 추석 민심이 경제 쪽으로 흘러갈 것을 내심 기대할 것이다. 특별법 반대여론으로 노랑 리본의 색깔이 점차 희미해지기를 바랄 것이다. 세월호 참사 이후 학생들과 함께 만들어 대학 뜰 굵은 나무들에 묶어놓은 수많은 노랑 리본들이 빛바래 있는 것도 사실이다. 벌써 다섯 달이 지나고 있으니 비바람과 폭우에 지쳐 그 원래 색을 잃어버렸을 수밖에.

그러나 특별법 제정을 위해 서명한 5백만 명의 가슴 속에 민들레 홀씨처럼 생명과 공감의 꽃이 홀연히 피어 날 것이다. 어느 날 당신들은 대지를 가득 메운 노랑 꽃망울에 정신 줄을 놓을 수 있으니 그날을 준비하길 바란다.

성서로부터 너무도 낯설게 변질된 대형교회, 그 속에 가만히 있던 사람들이 홀연히 뛰쳐나갈 순간도 멀지 않았다. 임계점이란 말이 있듯, 어느 지점에 이르면 걷잡을 수 없는 기운이 솟구쳐 나타날 것이다. 달리 말하면 하느님의 때, 카이로스의 도래이다. 세월호 참사를 예사롭게 보지 말아야 할 이유가 여기에 있다. 이 참사는 하늘이 준 경고이자 기회이다. 팩트(fact)를 숨겨 정권을 유지하기보다 그를 밝혀 이 땅과 5천 년 역사를 살려내는 용기와 결단을 이 정부에게 요구하자.

그를 위해 교회들이여, 다시 예언자가 되고 야성을 회복하라. 기득권자가 아닌 약자, 영혼만이 아닌 인간 삶 전체를 위하여 성서를 고쳐 읽고 자신들 삶을 온전히 민족에게 바쳐라. 진정 이 백성들에게 돌덩이가 아닌 생명의 빵을 줄 수 있으려면 말이다. 교회가 목회자 생존을 위한 일터가 아니라 하느님의 살아 있는 말씀이 선포되는 공간인 것을 숙지할 일이다.

아울러 교회가 정치 장로들의 안일한 놀이터가 아니라 세상을 새롭게 하려는 하느님 백성들의 터전인 것을 기억하라. 세월호 참사는 교회로 하여금 하찮은 권력자들과 맞서 새 세상을 이루라는 하느님의 묵시라 생각하면 어떨 것인가?

광화문에서 울려 퍼질 성직자 304명의 절규
- 이 땅의 권력자들이여 이를 두렵게 알라 -

지금 광화문 광장에서 우리는 두 분 목사 — 김홍술, 방인성 — 들의 40일 단식 그 절반이 지난 모습을 접할 수 있다. 집권당의 간악한 술책과 야당의 어처구니없는 무능 탓에 몇 중 고를 겪고 있는 세월호 유족들을 대신하여 스스로 십자가를 걸머진 것이다. 정의가 승리한다는 종교적 확신에 근거하여 오로지 하느님 이름으로, '사실'마저 수장하려는 정부와 의연히 맞서고 있는 중이다. 역사를 과거로 되돌린 권력자들의 완악함 탓에 살포시 드러난 민초들의 패배감, 그 역시도 온몸으로 저항하며 약자들의 한(恨)을 푸는 특별법 제정을 위해 그리하고 있는 것이다.

모두가 절망할 때, 힘없어 굴복할 때, 정치적 타협으로 옳고 그름의 기준이 사라졌을 때 비로소 빛을 발하는 것이 종교적 영성이고 신앙의 힘일 것이다. 비록 다수의 교회가 이들 신앙적 결단에 곁눈조차 주지 않으나, 이들 희생만이 민족 역사의 향방을 되돌릴 수 있다는 것이 성서적 가르침이라 믿을 따름이다.

신문지상에서 피켓에 적힌 다음의 호소문을 찾아 읽고 크게 감동했다. "피해를 입은 사람보다 피해를 입지 않은 사람들이 더 분노한다면, 그 사회는 정의를 지킬 수 있다." 지렁이도 밟으면 꿈틀하듯 억울한 유족들의 항변은 정말 지당했다. 사회의 총체적 부실, 어쩌면 밝혀진 것 그 이상의 이유로 자식을 잃은 세월호 유족들은 그 애통함을 가슴에 담고 억울함을 호소했으리라. 그러나 이들 고통이 사적 차원이 아닌 공적으로 기억될 때만 제 2, 제 3의 세월호 참사는 반복, 재현되지 않을 수 있다.

하지만 정부는 함께 분노하는 선한 백성들을 불편해했고 공론화하는 시민단체를 불온시했다. 세월호 유족들의 고통을 사사화시켰고 기억하려는 이들에게 불황의 책임을 전가하는 사악함을 드러냈다. 유기체로 비유되는 국가 공동체 내 한 지체가 이리도 아파하는데 대통령 자신은 정작 통증을 느끼려 하지 않는다. 하지만 제살 썩는 줄 모르게 진행되는 병이 있듯 나라가 그처럼 죽어가고 있음을 민초들 모두가 알고 있다. 지도자라면 그 누구보다 섬세한 촉각을 갖고 아픔을 느껴야 마땅할 터, 오히려 대통령은 죽어가는 자신조차 느끼지 못하는 듯싶다.

고맙게도 한 판사가 죽을힘을 내어 법치(法治)가 실종된 이 땅의 현실을 질타했다. 약자를 위한 법이 강자의 이해에 맞게 변질되는 사악한 과정을 국정원 대선개입 무죄 파문을 통해 적시한 것이다. 돌이켜보면 소 돼지도 웃을 이번 공판을 위하여 정부 차원의 주도면밀한 공작이 이미 오래전부터 있어왔다. 국정원장을 고발한 검찰총장을 사생활을 이유로 퇴출시켰고 담당검사를 좌천시킨 것이 그 대표적 사례일 것이다. 현 정부의 최대 약점인 대선 공정성 여부에 종지부를 찍기 위한 마지막 수순이 바로 원세훈 무죄 선언이었다. 비겁하게도 세월호에 대한 집중력이 허물어진 듯 보이는 추석 이후 민심을 등에 업고서 말이다.

하지만 이 일로 국정원의 조직적 선거개입이 오히려 만천하에 드러났고 현 정부가 모래 위에 터 닦아 세워졌음을 모두가 재확인하였다. 그렇기에 현직 부장판사는 '지록위마'(指鹿爲馬)라는 고사 성어를 통해 이번 재판이 "사슴을 말이라 믿도록 한 것"이라 맘껏 조롱할 수 있었다. 자신의 승진에 눈멀어 나라를 정부와 혼동한 어리석은 법조인들도 한 역할을 했다는 소리도 들린다.

이렇듯 정부가 법을 훼손한 탓에 모두가 사적인 영역에 함몰되어 공공성을 잃었다. 하지만 세월호 참사로 인해 백성들 스스로가 공적인 영역에 눈을 떠 유족들의 아픔을 걱정하며 거리로 나섰으니 누구에겐 불편할 것이나 이 땅의 미래를 위해선 희망이다. 국가를 믿을 수 없기에 스스로 공동체성을 찾아 정의를 세우려 했던 까닭이다. 이 점에서 한 부장판사의 소신과 결단이 지쳐가는 우리에게 다시 용기를 갖게 했다.

불이익을 예상했을 터, 그럼에도 법정신 회복을 위한 그의 시기적

절한 판단은 우리로 하여금 정부가 아닌 나라를 위해 행동할 충분한 명분을 준 것이다. 신년 초 국가개조를 외쳤던 정부였으나 정작 그들이 나라를 허물고 있는 상황에서 백성들에 의한 나라 바로 세우기가 필요 막급한 현실이 되었다. 어찌할 것인가? 외국에서조차 조롱받고 OECD 가입 국가들과 견줄 때 나쁘고 부정적인 것이 으뜸인 이 '나라'를 말이다.

이를 위해 이제 하느님께서 개신교 목회자들을 쓰실 작정이신가 보다. 그간 몇몇 대형교회의 망발로 한국 사회의 지탄을 받았고 교종 방한 이후 가톨릭교회에 상대적 열세를 느꼈던 것도 사실이나 마지막 순간 자발적 결단으로 세월호 정국과 단호히 맞서려는 의지를 내보인 것이다. 세월호 희생자들 수에 해당하는 304명의 개신교 목회자들이 광화문 광장에서 시국을 염려하는 단식 철야 기도회(9월 15일-16일)를 열기로 작정했다. 이는 두 분 목회자의 의연한 40일 단식이 '밑힘'을 제공했기에 가능했을 것이다.

누가복음 12장 2-3절 말씀, '숨겨놓았다 하더라도 결코 감추지 못할 것'이라는 말씀에 근거하여 목회자들은 정부의 오만함을 지적하고 진실을 요구할 것이다. 목회자 한 사람이 세월호 참사로 희생당한 바로 그 한 존재가 되어 하늘을 향해 목 놓아 애원할 때 하늘이 어찌 그들의 절규를 외면할 것이며 진실을 왜곡하는 권력자들을 굴복시키지 않을 것인가?

모두가 지쳐 쓰러진다 해도 우리의 머리카락 수마저 헤아리는 하느님을 믿는 까닭에 이 땅의 성직자들은 진실을 구할 것이며 유족들이 기댈 마지막 보루가 될 작정이다. 어느덧 길가에 뒹구는 돌멩이처럼 값없어 보이는 존재가 되었으나 그들이 작심하여 소리 칠 때, 예언자의 길에 나서고자 할 때, 영성의 다른 이름인 야성을 회복할 경우, 그 어떤 것도 이들을 능가할 수 없고 이들과 맞설 자 없을 줄 안다.

아주 고맙게도 기드온 300 용사를 상기시키듯 304명의 개신교 목회자들이 보수/진보 배경에 관계없이 함께 모였다. 아니 최종적으로 500명 가까이 모였다고 한다. 남녀, 노소, 대소, 교파의 구별도 현 시국의 위기 앞에서 더 이상 의미를 갖기 어렵다고 판단하여 오로지 우환의식만 갖고 함께 무릎 꿇은 것이다. 법치의 실종, 그래서 정부에 대한 일말의 믿음도 갖지 못한 가련한 백성들, 유족들을 위해 성직자들이 대신 아파했고 그들 곁에 서 있기 위해서이다. 그들 곁에 그림자처럼 서 있고, 광화문에 발길을 옮기는 것만으로도 유족들은 그것이 자신들 뜻을 지켜내는 유일한 힘인 것을 고백했다.

이제 광화문에서 시작된 304명의 목회자 단식이 들불처럼 전국 각지로 퍼져 나갈 수 있기를 소망한다. 개신교 성직자들끼리가 아니어도 좋다. 과거 독립선언에 참여한 33인의 민족 대표들이 그랬듯 이웃 종교인들과 더불어 유족의 고통을 나눠 걸머지면 어떨 것인가? 야비하고 무능한 정치권을 향한 종교인들의 고독한 저항을 통해 세월호 이후 민족의 갈 길이 밝혀져야 마땅하다.

앞서 언급했듯 이 땅의 미래를 위해 피해를 겪지 않은 다수의 사람들이 더욱 분노해야 할 막바지 시점에 이르렀다. 세월호 특별법 지지를 표명한 500만 명의 서명자가 참으로 고맙다. 하지만 아직도 부족하다. 우보천리(牛步千里)란 말이 있듯 더디더라도 1천만 명 서명이란 처음에 세운 목표에 반드시 도달해야 하며 이를 위해 더욱 분주해야 옳다. 304명의 목회자 단식을 통해 개신교 신앙인들이 마음 문을 연다면 이는 단번에 이룰 수 있는 수치이다.

이제 막 40일 단식 절반을 지나는 두 분 목사님의 건강을 빌며 이들의 진정성을 믿고 개신교회의 서명 참여를 독려한다. 이것이 성장에 눈 어두워 자신들 본분을 다하지 못한 한국 교회가 민족을 향해 속죄할 수 있는 적절한 기회일 것이다.

2부

보라!
너의 어머니,
우리의 자식이 아니던가?

이 정 배

슬픈 부활절에 묻는다,
왜 다시 갈릴리인가?

우리의 역사가 사월에 붙여준 별명이 있습니다. 잔인한 달이라는 것 말이지요. 얼마나 많은 고통과 역경 그리고 슬픔의 사건들을 경험했기에 꽃피는 사월을 이렇게 불렀는지 모를 일입니다. 해마다 달라지는 부활절이지만 올 사월이 부활을 품었기에 아름다운 봄, 지구의 날을 맘껏 축하하는 절기가 되리라 생각했습니다. 하지만 눈부신 꽃봉오리 같은 아들딸들을 물 밑 깊숙한 곳에 놓아둔 채 부활절을 맞으려 하니 너무도 참담합니다. 부활의 날에 생명의 소식을 전할 수 있기를 바랐건만 그리 할 수 없는 현실이 되고 말았습니다. 그들이 다니던 안산지역 교회와 사찰을 비롯하여 전 국민이 간절히 기도를 드렸음에도 말입니다.

좌초된 '세월호' 사건으로 인해 이 땅의 총체적 부실이 다시 드러났습니다. 부모들에게 천추의 한을 남긴 우리 자식들의 죽음이 결국

인재였다는 것에 동시대를 살아온 우리의 잘못, '내 탓이오'를 고백할 수밖에 없을 것 같습니다. 성서의 말씀대로라면 하늘나라(진리)의 잔치에 초대받았으나 우리는 저마다 밭을 샀기에, 소를 돌봐야 하기에 그리고 장가를 가야 한다는 이유로 그 자리에 함께하지 못했던 탓일 것입니다(눅 14:15-24). 모두가 자기 일에 취해(빠져) 함께 기쁜 세상을 만들 수 없었다는 말입니다.

그렇기에 '세월호'의 좌초는 겉만 화려했던 대한민국의 실상을 고발하는 사건이 되었습니다. 이를 위해 기막히게도 죄 없는 이들이 제물로 바쳐져야 했습니다. 하여 이들의 희생을 헛(욕)되게 만들지 않겠다는 다짐이 우리가 드리는 2014년 부활 예배의 본뜻임을 잊지 않기를 권면합니다.

오늘 저는 첫 복음서인 마가복음의 부활 기사를 본문으로 택했습니다. 평소 성서에 관심 있는 분들은 아실 터이지만 본래 마가복음은 오늘 읽은 16장 8절로 끝을 맺었습니다. 그로부터 거지반 1세기가 지난 뒤 9-16절이 보완되었고 오늘에 이르게 되었습니다. 이 차이가 뜻하는 바는 처음 형태의 마가복음서가 부활하신 예수 현현기사를 담고 있지 않은 반면 후대의 것은 여타 복음서와 같이 예수 현현을 비롯해 승천, 기적 등의 이야기가 첨언되었다는 사실입니다.

본래의 마가복음이 부활을 기정사실화하는 교리체계로서가 아니라 오늘의 우리처럼 두렵고 참담한 심정을 토로하기에 더욱 친근감이 있습니다. 자신들이 믿고 따랐던 예수가 흉악한 죄인들에게나 해당되던 십자가에 달려 억울하게 죽고 말았습니다. 제자들 역시

실망과 두려움으로 십자가 처형 현장은 물론 예수의 무덤 곁에 얼씬도 하지 못했지요. 오직 예수 어머니 마리아를 비롯한 몇몇 여인만이 이른 새벽 모두가 회피하는 무덤가로 발걸음을 옮기고 있었습니다. 이들이라고 두려움과 공포가 없었겠습니까? 그럴수록 우리가 먼저 기억할 것은 부활절 아침, 이들이 보여준 발걸음 곧 삶의 방향입니다. 오늘 읽은 성서는 우리에게 이렇듯 발걸음을 옮길 수 있는가를 묻고 있는 것이지요.

하지만 정작 무덤은 비어 있었고 흰옷 입은 낯선 이의 모습과 소리만이 존재했습니다. 십자가에 달려 죽어 묻혔던 예수가 살아나서 이곳에 없다는 소위 '빈 무덤'의 이야기였습니다. 이후 '빈 무덤'은 예수 부활의 객관적 증거로 활용되었고 기독교 교리가 되었습니다. 하지만 성서는 이들 여인들이 무서워 떨며 그곳을 도망쳐 나왔다고 기록합니다. 오늘 우리에게 부활의 증거이자 토대라 알려진 '빈 무덤'은 사실 그 용감했던 여인들에게조차 두려움의 장소였고 누구에게도 말 못 할 공간이었습니다. 예수가 다시 사셨다는 이야기 역시도 두려움이었고 누구에게도 입으로 옮길 수 있는 말이 아니었던 것입니다. 예수는 로마의 제국(황제)신학과 유대의 성전(하느님)신학을 거부한 중차대한 죄인으로서 죽었던 까닭이지요. 이것이 가장 먼저 기록된 마가복음에 나오는 부활의 아침 전경입니다. 오늘 우리가 신조로 고백하는 부활절 아침과는 너무도 다른 모습입니다.

하지만 오늘 본문에서 우리는 중요한 메시지 하나를 발견할 수 있습니다. 이는 후일 다른 복음서들, 마태복음과 누가복음 역시도 받아들인 아주 중대한 부활의 첫 메시지입니다. 그것은 공관복음서 모두가 증거하듯 그 살아나신 분이 '갈릴리'로 가실 것이고 그곳에서 그분을 만날 수 있을 것이라는 증언입니다. 후대의 성서들이 도처에서 부활하신 예수의 나타나신 모습들을 기록했고 심지어 요한복음에서는 예수 손의 못 자국, 옆구리의 창 자국을 확인하는 도마의 이야기를 담고 있으나 이보다 중요한 부활의 첫 증언은 '갈릴리로 가라'는 언명입니다. 재언하지만 이는 누가도, 마가도 공히 인정했던 부활의 첫 명령이었습니다. 여기서 우리가 물을 것은 '왜 다시 갈릴리인가' 하는 것입니다.

　주지하듯 갈릴리는 예수께서 공생애를 시작하신 곳이며 하느님 나라 운동을 선포하셨던 곳입니다. 그러다가 소위 당대 종교 지도자들에게 밉보였고 결국 죽음에 이르게 되었던 것이지요. 예수는 사람들이 굶주리는 것을 원하지 않았습니다. 또한 율법이라 불리는 종교 제도의 희생양이 되는 것 역시도 온몸으로 거부했습니다. 더욱이 종교 지도자들이 로마 제국과 결탁하여 자기 백성을 옥죄는 현실을 더더욱 긍정할 수 없었습니다. 이처럼 굶주리고 가난한 이들을 위한 하느님 나라 운동은 로마에게도 위협이었고 성전 지도자들에게도 여간 불편한 일이 아니었을 것입니다. 예수는 안식일과 일상의 구별을 철폐했고 성전과 여타의 공간을 분리시키지 않았으며, 그의 밥상 공동체는 누구라도 환영했기에 예수는 당시의 종교법(교리)으로 이해될 수는 존재였습니다.

　종종 비유로 선포된 하느님 나라에 대한 성서 본문을 보면 더욱 분명해 집니다. 되갚을 수 없는 힘이 없는 사람 ─ 가난한 이, 장애우 ─ 들을 위해 잔치를 베풀고, 길거리의 사람들이 하느님 나라의 주인 공들이며 하루를 살 수 있는 일용한 양식이 개인의 능력이나 일의 양에 관계없이 주어지는 세상이 바로 하느님 나라의 모습이자 실상으로 비유된 것입니다.

체제를 유지, 존속하려는 사람들에게 갈릴리 예수의 하느님 나라 운동은 마치 덤불처럼 커져버린 겨자씨와 같이 불편하고 거추장스런 것이었습니다. 하느님 나라를 겨자씨로 비유한 것 역시 현실에 길들여지기보다 기존 체제를 불편하게 만드는 사람들이 될 것을 바라는 예수의 마음의 표현일 것입니다. 밀가루를 부풀게 하는 누룩의 비유 역시 현실을 달리 만들라는 이야기가 아니겠습니까?

그렇기에 하느님 나라를 선포한 예수의 행동은 과격했습니다. 일체를 금하는 안식일에 병든 자를 고쳤고 평소 굶주린 자들을 먹였으며 하느님의 공의가 사라진 성전을 뒤엎을 수 있었습니다. 열매를 맺지 못하는 무화과나무를 저주하며 찍어버리려 했던 예수 마음이 곧 세상을 향한 그의 사랑이었습니다. 이런 하느님 나라 운동이 불편해졌다면 우리는 자신들 신앙을 되돌아볼 일입니다.

본회퍼 목사는 신앙을 예수와 동시성을 사는 일이라 풀었습니다. 성서를 읽으면서 예수의 삶과 동시성을 얻는 것이 성서를 영적으로 읽는 것이라 고백한 것입니다. 한마디로 영적인 것과 정치적인 것의 구별이 불필요하다는 말이지요.

최근 불법 체류를 막기 위해 국내 체류 중에는 퇴직금을 못 받게 하는 이주노동자 법이 여야 막론하고 한 사람의 반대 없이 통과되었답니다. 법이 보장하는 퇴직금, 가족들의 긴급(생존)자금이 될 수도 있는 이것이 출국과 맞물려 있다는 사실에 인권단체들이 분노하고 있습니다. 무수한 종교인들이 그곳에 있었을 터인데 말입니다. 이에 대해 시인 김석환은 "밥이야말로 무거운 법(法)이어야 한다"고 강변했습니다. 영육을 구별하고 성전에 안주하며 사람을 표로만 생각하는 정치인들에게서 인권, 인간의 존엄성을 기대하는 일은 연목구어(緣木求魚)겠지요. 오로지 밥(육)은 법(영)이라는 이런 말을 토로할 수 있는 시인의 마음과 성찰만이 하느님 나라를 닮아 있습니다. 우리에게도 이런 마음, 거룩한 분노가 불현듯 일어났으면 좋겠습니다.

이처럼 성서의 부활기사가 전하는 첫 증언은 부활하신 그가 우리보다 먼저 갈릴리로 갈 것이며 그곳에서 그분을 볼 수 있을 것이라는 사실이었습니다. 십자가에 달려 죽은 예수가 다시 살아나 공생애를 시작하던 갈릴리로 갔고 그곳에서 부활의 주님을 만날 수 있다는 것이 부활의 첫 증언이자 2014년의 부활절 메시지입니다. 갈릴리의 예수의 삶을 살아내고 그가 선포한 하느님 나라 운동을 우리가 사는 현실에서 지속하는 것이 부활 신앙의 핵심인 것을 생각하자는 것이지요.

사실 부활의 핵심은 예수를 죽였던 로마의 백부장의 입에서 '죽은 그가 참으로 하느님의 아들이었다'고 고백하는 성서의 증언에서도 잘 나타나 있습니다. 예수를 죽인 로마 관리의 입에서 나온 이 고백을 통해 성서기자들은 오히려 죽은 예수가 로마를 이겼다는 메시지를 주고자 했던 것이지요. 그렇기에 부활하신 예수는 다시금 갈릴리로 가서 하느님 나라를 선포하고 있으며 우리를 그 일의 동참자로, 협력자로, 아니 친구로 부르고 있는 것입니다. 이것이 선교이고 교회의 존재이유라 생각합니다. 그래서 성서는 우리에게 묻습니다. 비록 두려움에 떨어 예수가 고통당한 현장인 무덤으로부터 한없이 멀어졌으나 갈릴리로 발걸음을 다시 옮기겠느냐고. 안식 후 첫날 모두가 피하고 싶은 무덤가를 찾은 여인들처럼 그렇게 삶의 방향을 달리할 수 있겠느냐고 말입니다.

어쩌면 오늘 이 시간 갈릴리는 억울하게 수장된 수백의 학생 그리고 그들의 생존을 바라며 울부짖는 부모형제들이 모인 진도 근처의 바닷가일 수도 있겠습니다. 너무도 엄청난 일이기에 탄식조차 할 수 없는 이들을 위해 대신 탄식하는 성령의 소리를 귀담아 듣기 위해서라도 우리의 모든 감각이 그곳으로 향해져야 마땅할 것입니다.

'세월호'의 좌초라는 한 사건으로 인해 우리는 평소 같아 보였던 뭇 사람의 인간됨을 변별할 수 있었고 우리 사회가 이처럼 총체적으로 부실했고 무책임했는가를 여실히 알게 되었습니다. 저마다의 사적인 욕심과 무관심, 무책임이 4월의 꽃봉오리 같은 학생들, 아이의 장래를 염려하며 귤 농사를 위해 삶의 방향을 바꿔 승선했던 젊은 가족, 아버지가 홀로 키워 일찍 철든 아들, 임용고시를 끝내고 이제 막 교사가 된 소녀 같은 여선생의 꿈을 졸지에 삼켜버리고 말았습니다. 하지만 십자가 처형 후 음부에 내려가셨던 예수님은 바다 속의 사람들을 홀로 두지 않으실 것입니다. 그렇기에 우리 역시도 그들과 부모들의 절규를 대신하여 이 땅을 파국으로 만든 지배자들에게 새로운 다짐을 받아야 할 것입니다.

한 번의 슬픔과 공감만으로 결코 충분치 않습니다. 오늘 부활절 아침에 비록 그들의 생존 소식이 함께 들리지 않아 고통스럽기 그지없으나 이곳이 오늘의 갈릴리인 것을 우리가 깨닫는다면, 아니 이런 총체적 부실이 더 이상 반복되지 않는 사회를 만들고자 한다면, 예수의 삶과 동시성을 얻는 것이 부활신앙이라 생각할 경우, 오늘 부활절은 슬픔 속에서도 '예수가 이겼다'는 외침을 이어갈 수 있는 기쁜 날이 될 것입니다. 마지막으로 사실(fact)을 중시했던 신학자 이신의 〈나사렛 목수(像)〉의 시 일부를 소개하는 것으로 설교를 마무리 짓겠습니다.

사람이 이 세상에서
행하는 일은 항상 하나의 사실로서
그대로 있는 것입니다.
다른 사람은 몰라도 나도 잊었어도
사실은 어디까지나 사실입니다. …(중략)…

그리고는 마지막 숨을 거둘 때
하나의 결정적 인간상을 '사실'이라는 엄격성에
담아두고 떠나는 것입니다.
그것을 죽음으로 보지 않고 삶으로 본 것이
부활에의 깨침이었습니다.

그 제자들은
그분의 죽음의 사실을 통해서
이 부활을 깨달았습니다.

예수의 그렇게 힘차게 산 모습을 통해서
예수의 그렇게 당당하고 자랑스럽게 산 모습을 통해서
그분의 참으로 산 모습을 본 것입니다.

그분의 거룩하게 산 모습을 통해서
이분이 그저 사람이 아니라
하느님의 아들 아니 하느님 자신이었다고
결론을 내린 것입니다. …(중략)…

그분이 신이었다는 결론은
죽음을 몰랐다는 데 있는 것보다
그처럼 죽음으로 삶에 새로운 의미를
불어넣은 데 있습니다.

하느님을 사랑하는 자,
너는 무엇을 사랑하는가?

    세월호 참사에 대한 공감 능력 부족 탓에 정부와 일부 교회들이 백성들의 지탄을 받고 있습니다. 아이들 수백 명을 물속에 묻었던 슬픈(?) 부활절, 그날 강단에서 선포된 뭇 설교를 분석해보면서 그 참을 수 없는 가벼움에 이것이 교회인지 다시 묻게 됩니다. 세월호 참사를 신학적으로 고민하고 이 땅 정치를 질타하는 설교를 찾을 수 없었습니다. 구원파에 온갖 혐의가 덧씌워지고 있으나 우리 교회가 그들과 실상 무엇이 다른가 질문을 받기도 합니다. 언제부터인가 예수는 'Yes' 그러나 교회는 'No'라는 말 역시 익숙해졌습니다. 교회 성직자들은 신학과 목회의 일치를 요구합니다. 일리 있으나 전적으로 옳은 말은 아니라 생각합니다. 교회가 신학에게 교회만을 위해 존재하라 한다면 신학과 교회 모두가 그 빛을 잃고 말 것입니다. 서로 역할이 다르기에 함께 존중되고 다른 소리를 내야 하겠지요.

이런 맥락에서 오늘 저는 감리교회를 대표하는 이곳에서 당연하나 불편케 하는 주제를 갖고 말씀을 전하고 있습니다. '하느님을 사랑하는 자, 너는 과연 무엇을 사랑하며 살고 있느냐?' 하는 옛적 아우구스티누스의 질문입니다. 주지하듯 향후 3년 앞으로 종교개혁 500주년이 다가옵니다. 숫자가 주는 의미가 작지 않기에 어떻게 이 시점을 지날 것인가 하는 물음이 제 자신의 신학적 실존을 채우고 있습니다. 그렇기에 오늘의 강의 제목 역시 교회를 사랑하나 비판할 수밖에 없는 우환의식의 발로이자 표현이라 이해하면 좋겠습니다. 교회와의 '사랑하는 싸움'은 신학자의 피할 수 없는 과제입니다. 그 옛날 키에르케고어가 그랬고 독일의 본회퍼가 그랬듯 말입니다.

　　하여 다시 묻습니다. 하느님을 사랑하는 여러분 정말 무엇을 사랑하며 살아왔는지요? 예수를 믿었고 교회를 섬겼으며, 예배를 시간마다 드렸고 계명을 지켰으며, 이웃을 도왔다고 말해도 틀린 답은 아닐 것입니다. 그러나 그것만으로 충분한 대답이 되었을까요? 정말 그것으로 하느님을 사랑한 것일까요? 일찍이 러시아 사상가 베르쟈예프는 이 세상에 깊이 뿌리박고서 이 세상 삶의 만족을 일삼는 사람은 그가 아무리 종교적 형식을 갖고 살았다 하더라도 결코 '무한'과 '영원'에 관심치 않는 자라 말했습니다. 그들에게 종교란 '조직에 헌신하는 삶'으로 대치되고 만다는 것이지요. 부언하자면 종교와 교회는 번창하나 실상 우리는 실질적 무신론자로 삶을 살고 있다는 말일 것입니다. 우리 삶에서 '최상의 것을 거저 얻었다'는 은총의 감각을 잃은 채 거듭 욕망의 수레바퀴를 타고 있다면 경건의 모양은 있되 그 능력을 잃은 자의 모습일 것입니다. 세월호 참사는 그래서 일어났습니다.

키에르케고어를 현대적으로 재해석한 한 신학자 카푸토는 이 물음에 대한 답으로 '불가능한 것에 대한 열정'을 적시했습니다. 우리 삶 속에서 불가능하다 여겨지는 것을 오히려 꿈꾸며 살아본 적이 있었느냐는 물음입니다. 모든 것이 가능하다는 자기 최면과 같은 상태와는 다른 차원에서지요. 교회를 드나드는 우리에게 하느님은 불가능한 것에 대한 열정이 네게 살아 있는지를 묻는다는 것입니다. 그것도 자기만을 위한 것이 아니라 세상 모두를 위해서 말입니다. 세상의 중심은 약자에게 있다는 십자가 정신에 입각해서겠지요. 그것은 바로 예수가 품었던 하느님에 대한 믿음, 곧 하느님 나라에 대한 열망이라 하겠습니다. 오늘 우리가 예수를 따른다는 것은 예수가 품었던 하느님에 대한 믿음을 회복하는 것이고 하느님 나라의 열망을 품는 일입니다. 세상은 세상이고 죽어서나 가는 것이 천국일터 세상에서 축복받고 죽어서 천국 가는 것이 신앙의 모든 것이 되어버린 현실 교회의 가르침과는 거리가 있습니다.

성서에 언급된 예수의 하느님 나라 비유들이 이를 잘 보여줍니다. 아침에 온 자나 황혼녘에 일꾼으로 부름 받은 자 모두에게 일용할 양식을 취할 수 있는 합당한 동일 품삯을 준 이야기, 되갚을 수 있는 능력이 없는 자를 위해 잔치를 베풀라는 말씀, 그리고 겨자씨 비유가 말하듯 세상이 품을 수 없는 가치를 살아냄으로써 세상에게 불편한 존재가 되라는 것도 같은 맥락입니다. 영생의 뜻을 알리기 위해 예수가 주신 사마리아인의 비유 역시 마찬가지입니다. 강도 만난 이웃

(현장)을 외면한 대제사장, 레위인 그들은 특별히 나쁜 사람들이 아니었지요. 악의 평범성이란 말이 이에 해당될까요. 모두 저마다의 자기 본분, 역할에 충실한 존재였습니다. 사마리아인 역시 이들처럼 그곳을 지나가는 것이 마땅했습니다. 수백 년 동안 유대인과 원수지간이었던 까닭이지요. 그러나 자기의 원칙, 본분, 종교, 이념의 제약과 한계를 넘어 강도 만난 현장으로 발길을 옮겼고 성서는 그 발걸음을 일컬어 영생이라 했습니다. 이런 열정, 불가능한 것에 대한 꿈이 없다면 우리는 최상의 것을 최악으로 만드는 존재들입니다. 독일 신부인 이반 일리치가 말했듯 신이 인간이 되신 성육신 신비를 무용지물로 만들고 있는 까닭입니다.

바울의 부활 체험, 곧 다메섹 사건 역시 동일한 열정을 우리에게 요구합니다. 유대인으로서의 예외(특수)주의, 헬라적 지혜를 지닌 보편적 지성인이었던 바울에게 다메섹 체험은 이런 자신만의 특별함을 거부했고, 야만을 부정하는 거짓된 보편성과의 단절을 뜻했습니다. 동시에 야만인에게 지혜 없는 사람처럼 되고 가난한 자들에게 그들처럼 되며 이방인에게 이방인처럼, 유대인, 헬라인에게도 다시 그들처럼 되는 것이 사울에서 바울로 바뀌는 부활의 삶이었던 것이지요. 믿지 않는 자가 믿은 자로서 달리 살아야 할 구체적 사례가 되었고 유대교에서 기독교가 탄생한 의미가 되었습니다. 오늘 우리 시대에 수많은 예외자들, 거리로 내몰리는 수많은 사람들에게 공감 능력을 제대로 보여주지 못하는 오늘의 기독교와는 전혀 딴판이었지요. 기독교 초기에 행위와 믿음은 결코 나뉘지 않았습니다. 자기가 행한 것만큼만 믿은 것이라 생각했습니다. 이 땅에 처음 기독교가 유입되었을 시, 초창기 기독교인들은 정말 예수를 닮았고 바울과 같았습니다. 일자무식한 아낙네와 무지렁이들을 하느님 자녀라 불러주었으니 그보다 큰 복음이 어디 있었겠습니까?

하지만 오늘의 교회는 불가능한 것에 대한 열정을 잃어버렸습니다. 이는 공감 능력의 상실과도 같습니다. 교회에서 회자되는 영성, 그에 대한 뭇 이론들은 이 점에 이르지 못하고 있지요. 이런 영성은 곧 엉성해질 뿐입니다. 하여 저는 불가능한 것에 대한 열정을 통해 하느님을 사랑하는 법을 다시 새롭게 제시하렵니다. 그것은 고독과 저항 그리고 상상(환상)입니다. 기독교 영성이 지녀야 할 세 가치이자 요소라 해도 좋겠습니다.

기독교는 본래 부모와 자식까지도 심지어 자신을 버려야 할 만큼 치열한 고독의 종교였습니다. 그러나 요즘 사람은 풍요 속에서 외로움을 느끼며 그것을 극복하느라 교회를 찾습니다. 교회가 너무 화려해졌고 야단법석입니다. 고독을 잃은 탓입니다. 고독(loneness)은 외로움(loneliness)과 달리 열린 감정임을 잊어서는 아니 되겠지요. 고독하지 않기에 저항(야성)을 잃었습니다. 제도에 길들여진 존재로 만족할 뿐입니다. 저항 중 으뜸은 자신에 대한 저항입니다. 자기를 사랑하는 첩경은 자신의 현실을 애써 숨기려 말고 정직하게 들여다보는 것입니다. 세상에 대한 거룩한 분노는 이로부터 생겨납니다. 상상은 저항의 원천이자 고독이 주는 선물입니다. 기독교인들의 꿈이 너무 작습니다. 예수의 믿음 속에 간직된 하느님 나라에 열망이 사라진 것입니다. 교회는 하느님 나라를 대망하는 공동체일 뿐 그것을 대신할 수 없습니다. 하나님 나라를 대망하는 교회라면 지금 세월호 유족들과 마음 높이를 맞추어야 옳을 것입니다.

죄악으로 터 닦은 예루살렘,
오늘의 한국

　홀로 1만 명을 넘기는 세월호 특별법 서명자를 받아낸 박인환 목사께서 어느 날 급한 전화를 주셨지요. 돌아오는 주일 시무하는 교회에서 세월호 참사 유족과 교우들에게 힘과 위로가 되는 말씀을 전하라고 하였습니다. 그간 목사님 본인도 얼마나 슬프고 힘들기에 저에게 이렇듯 급작스런 부탁을 할까를 헤아리며 거절하지 못한 채 이렇듯 강단에 섰습니다.

　일전에 덕수궁 앞에서 열린 1천 감리교인들 집회에서 세월호 유족이 된 신학교를 졸업한 전도사님 부부 소식을 접했고 남편 되는 유경근 씨께서 세월호 희생자 가족의 대변인으로서 혼신의 힘을 다하는 이야기를 들었습니다. 유 대변인은 그날도 예정된 집회에 함께하지 못한 채 급히 팽목항으로 발길을 돌렸지요. 당일 단상에 박 목사님도 함께 올라 생명을 빼앗긴 그의 딸 예은이가 얼마나 사랑스럽고 귀한 존재였는가를 눈물로 증언하셨습니다. 저 역시 세월호 이후 길거리에서 많은 시간을 보냈고 분노했으며 소리치곤 했으나 오늘 모든 것을 잃은 가족 앞에서는 그저 가슴이 먹먹할 뿐입니다. 어떤 신학적 답변도 아직은 대답일 수 없다는 것을 알기에 함께 탄식하는 마음만으로 이 자리에 섰습니다.

우리는 세월호 참사로 인해 한국 사회의 총체적 부실을 여실히 경험했습니다. 그간 OECD 가입국, G7 국가의 위상을 지녔다 하여 자랑했으며 세계가 한류에 매료된 것을 뽐냈으나 실상 우리 사회는 실패를 향해 치닫고 있었던 것입니다. 선량한 백성들 모두를 경제, 돈의 욕망에 휘둘리게 할 만큼 정치와 종교가 함께 타락한 것이 그 일차적 이유라 하겠습니다. 실상 OECD 가입 국가 중 욕망지수가 가장 높은 나라로 대한민국을 꼽은 영국 BBC 방송의 보도는 세월호 참사의 원인을 충분히 설명해줍니다. 그간 우리는 거듭 실패를 선택해왔으면서도 그를 성공이라 여겼고 자신들 욕망을 축복이라 착각하며 살아왔던 것입니다. 그렇기에 이 땅의 정치와 종교는 304명의 뭇 생명을 지키지 못한 채 죽음으로 내몰았습니다. 아직까지도 정부는 물론 국회에서조차 '사실'(fact) 규명에 미온적이며 오히려 사건이 빨리 잊히기만을 바라고 있고, 대형교회의 목사들마저 '신(神)의 뜻' 운운하며 상황을 수용하여 잠잠해지는 것이 신앙적 태도인 것을 강변하고 있으니 기막힌 노릇입니다.

하지만 우리는 세월호의 마지막 끝자락이 물속에 잠기는 긴 시간

동안 한 생명도 살리지 못한 총체적 무능을 직접 두 눈으로 확인했고 무언가의 은폐를 위해 그것이 처음부터 계획, 의도된 것일 수 있다는 사실을 알면서 '이것이 국가인가?'를 물어야 했습니다. 그렇기에 SNS 상에 난무하는 세월호 관련 온갖 유언비어(?)는 사실을 은폐하는 정부에 맞서, 상식에 어긋난 종교를 대신한 민심이자 하느님 언어로 작동되어 민초들을 움직이고 있습니다. '잊지 않겠습니다', '가만히 있지 않겠습니다', '행동 하겠습니다'는 것이 아이들을 억울하게 빼앗긴 부모들을 대신한 이 땅 민초들의 결의입니다. 하지만 세월호 특별법 제정을 위해 국회 안에서 벌어지는 기막힌 풍경은 여전히 우리를 분노하고 좌절케 합니다. 유족들의 절실한 마음을 조롱하듯 고개를 젖혀 맘껏 조는 의원들이 있는가 하면 성의 있는 대책을 요구하는 유족들을 호통 치는 이런 기막힌 정황이 지금 이 땅의 정치현실입니다. 세상의 민심은 세월호 이전과 이후의 정치와 종교가 달라지고 근본적으로 사회와 국가가 변할 것을 말하지만 참회와 공감이 없고 책임질 자가 실종된 상황에서 정부가 주도하는 국가개조란 빛 좋은 개살구, 어불성설일 뿐입니다. 하지만 우리가 믿을 것, 다음 두 가지가 있습니다.

공권력이 무서워 누구나 잠잠할 때 돌들이라도 소리칠 것이라는 것과 너무도 애통하여 슬퍼할 수조차 없을 때 성령께서 그를 대신하여 탄식해주신다는 성서의 말씀입니다. 세월호 참사 앞에서 하느님, 성령 역시 하실 수 있는 일이란 함께 탄식하는 것뿐일 것입니다. 하느님은 지금 우리의 절규에 답변하시지 않습니다. 오히려 이 땅의 비탄과 탄식의 소리를 듣는 것이 지금 우리에게 성령 체험이며 하느님 자신을 아는 길인 것을 말씀합니다. 지금껏 자기 목소리를 크게 내지르며 살았던 우리가 그 소리를 거두고 삼갈 때, 그래서 이 땅의 아픔을 옳게 듣고 함께 느끼는 순간 우리 모두는 저마다 소리치는 돌이 될 수 있습니다. '기억하겠습니다', '행동하겠습니다'는 말은 모두 성령을 체험한 돌들의 소리들인 것이지요.

지난 주말 정기 구독하는 〈시사인〉 잡지 안에서 '노란 봉투'를 발견했습니다. 세월호 특별법 제정을 위한 1천만 명 서명을 호소하는 봉투였습니다. 이를 위해 유족들 역시 전국 방방곳곳으로 버스투어를 할 계획인 것도 알았습니다. 아이들의 무사귀환을 상징하던 노란 리본이 이제는 민들레 홀씨처럼 노랑 봉투가 되어 우리 곁에 날아와 희망의 끈을 이어가고 있는 것입니다. 이 노랑 봉투가 아이들의 절규를 듣고 유족들의 아픔에 공감한 한 아줌마의 제안이었고 그가 외친 작은 소리였다는 것이 결코 예사롭지 않습니다. 작은 몸짓이 큰 변화를 잉태할 것이고 작은 소리가 큰 함성으로 메아리칠 것이라 믿는 까닭입니다.

주지하듯 2014년은 동학혁명 120주년 되는 해이지요. 갑오경장이 일어났던 때이기도 합니다. 하지만 경장이 외세의 힘을 빌려 정부 주도로 시작된 개혁이었다면 동학운동은 민중들, 즉 시민들이 주도한 변혁의 몸부림이었습니다. 결과적으로 갑오경장은 성공했으나 실패했고 동학혁명은 실패했으나 성공했습니다. 동학의 정신이 지금 시민들, 곧 돌들의 소리로 이어지고 있는 까닭입니다. 세월호 이후의 사회는 달라져야 한다는 것이 이 땅을 향한 하늘의 준엄한 명령이기에 지금 우리가 원하고 바랄 것은 오로지 '외치는 돌'이 되는 일이고 새로운 성령 체험 즉 공감의 힘일 것입니다. 노랑 봉투 속에 우리 마음이 가득 담겨지기를 기도합니다.

이런 마음으로 오늘 성서 본문(미 3:1-4:1)을 돌아봅니다. 사실 성서 본문을 정하는 일도 쉽지 않았습니다. 하느님께서 평소 잘 읽지 않던 미가 선지자의 글과 맞닥뜨리게 한 것을 저는 깊이 감사합니다. 미가서 3장 전체 내용에서 우리는 예루살렘의 총체적 부패를 보았고 우리의 상황을 성찰할 수 있었기 때문입니다. 미가 선지자는 예루살렘의 정치 지도자와 성직자를 향해 정의를 실종시킨 책임을 과격하게 묻습니다. 하느님이 원하시는 정의를 잃었기에 이들은 백성들의 살을 뜯고 뼈를 조각내며 가마솥에 통째로 삶아버린다고 하였습니다. 마치 살아야 하고 살 수 있었던 우리 아이들을 진도 앞바다에 수장시켰듯이 말입니다. 당시 예언자들 역시 오늘 우리 성직자들이 큰 건물 짓는 것을 성장이라 여기며 구원을 독점하고 교회로부터의 일탈을 지옥행이라 겁박하듯, 물질만 탐하여 뇌물을 받고 생명의 말씀이 아닌 무거운 돌덩이를 가슴에 안겨주고 있었던 모양입니다.

이에 미가 선지자는 예루살렘이란 도시가 백성을 죽이고 그 죽음 위에 건립된 사악한 터전이라 선포했습니다. "너희는 백성을 죽이고서 그 위에 시온을 세우고, 죄악으로 터를 닦고서 그 위에 예루살렘을 세웠도다." 예루살렘 성전에서 돈을 받고 율법을 가르쳤고 계시를 알려주었으니 하느님을 돈으로 바꾼 오늘의 교회 현실과 어찌도 그리 닮았는지 모르겠습니다. 이런 일을 하면서도 정치가와 종교가들은 모두 신께서 자신들과 함께한다고 떠들었고 그렇기에 우리에겐 동이 서에서 멀 듯 재앙이 닥치지 않을 것이라 자신했습니다. 요즘 세간에 화제가 된 '하느님 뜻' 논쟁 역시 이와 다르지 않습니다. 저마다 하느님 뜻을 말하지만 정작 그의 뜻이 누구라도 억울하지 않은 세상, 정의의 감각을 잃지 않는 세상에 있다는 것을 애써 망각하는 듯합니다.

지난 4월 16일 세월호 참사가 발생한 4일 후 우리 교회는 수백 명의 아이를 물속에 둔 채로 '슬픈 부활절'을 교회력에 따라 지켜야 했습니다. 제가 조사한 결과 상당수 대형교회는 세월호의 고통을 설교에 언급조차 삼갔고 더러는 애도한다는 한마디로 일축했으며, 오직 소수만이 이 땅의 총체적 불의를 부활 사건과 연루하여 설교했을 뿐이었습니다. 이런 현실에 분노하여 세종대왕상에 오른 제자들, 그들 아버지 목회자들에게 빨갱이 자식을 두었다는 비판이 쇄도했다 합니다. 하여 그들은 지금 목회자의 꿈을 접고자 고민하고 있습니다. 자신들을 격려하는 목회자들이 없지 않으나 감리교 안에서의 목회를 스스로 힘겨워 하며 목회자의 길을 접고자 하는 것이지요. 선생으로서 이들을 바라보는 마음이 편치 않았습니다. 이들이 마음껏 소리치며 목회할 수 있는 세상, 환경을 만들고자 이들 곁에 끝까지 서 있고자 저 역시 오래전부터 준비하던 명예퇴직 계획을 접고 다시 강단에 섰습니다.

미가 선지자는 이런 정치가와 종교가를 향해 준엄하게 심판합니다. 너희 정치가들, 살려달라고 간절히 비는 때가 올 것이나 하느님은 그 호소를 들은 채도 하니 않으실 것이라 말합니다. 살아야 할 생명을 방치한 그들의 악이 너무도 커 하느님 역시 감당할 수 없는 탓입니다. 향후 이들을 죽게 만든 '사실'이 무엇인지를 어떤 일이 있더라도 밝혀내는 것이 살아 있는 우리의 책무입니다.

성직자들에 대한 심판은 더욱 치명적입니다. 예언자라 하며 백성의 등골을 빼먹고 그들을 속이고 겁박하며 살아온 그들에게 미가서는 환상과 예언을 빼앗긴 수치스런 미래를 예고합니다. 한마디로 종교인의 자격과 명예를 빼앗겠다는 것이지요. 우리 시대 특별히 대형교회 목사들이 깊이 새겨들어야 할 본문입니다. 어찌 그들의 입에서 그리도 쉽게 세월호 아픔을 하느님 뜻이라 내뱉는 것인지, 불의한 정부를 두둔하면서 자신의 위치를 곤고히 하려는 것인지 이해할 수 없으나 그런 그들을 하느님께서 수치스럽게 할 것이라고 미가 선지자는 전했습니다.

이렇듯 죄악으로 터 닦여진 예루살렘의 앞날, 그 운명은 너무도 비참했습니다. 예루살렘은 폐허가 될 것이며 성전은 수풀더미로 가득 찰 것이라 하였습니다. 국가는 더 이상 국가가 아니고 성전 역시 성전의 꼴을 할 수 없는 지경에 이르렀다는 것이지요. 우리가 세월호 이후의 사회, 나라에 관심을 갖는 것도 이런 두려움 때문입니다. 세월호 이후 우리 기독교 역시도 크게 달라져야 마땅한 일입니다. 종교개혁 500년이 이제 몇 년 앞에 있는 것도 크게 생각할 일이겠지요.

하지만 성서는 우리에게 말합니다. '그날'은 반드시 도래할 것이라고. 아무리 '사실'을 정치적 압력으로 은폐하려 하고 종교적 권위로 무마하려 해도, 하느님이 살아 있고 외치는 돌들의 소리가 있으며, 성령이 우리의 고통을 대신해 탄식하는 한, 주의 성전은 제 역할을 할 것이며 하느님 정의 역시 세워질 것입니다. 그날은 반드시 도래합니다. 그날의 도래로 아이들의 죽음이 결코 헛되지 않을 것이고 유족들의 애통함 또한 위로를 받을 것이며, 이 땅이 새 보금자리가 될 것이고 종교 역시 제 역할을 되찾을 것입니다.

이 땅이 안전한 삶의 둥지가 되려면 수많은 불의한 존재들, 입법, 사법, 행정의 영역에서 판치는 관피아들과 싸우는 일이 우리의 몫이어야 합니다. 하느님이 우리의 희망이지만 우리 역시도 하느님의 희망인 까닭입니다. 무기수였던 사랑하는 애인을 기다리며 자기 집 나무에 수없이 노랑 리본을 매달았던 여인처럼 그렇게 우리 역시도 노랑 봉투 속에 진실을 촉구하는 마음을 담아내야 할 것입니다. 진실이 묻히면 우리의 미래는 죄악으로 터 닦여진 예루살렘처럼 되고 말 것입니다. 잊지 맙시다. 주저앉아서는 아니 될 것입니다. 신앙의 이름으로 행동합시다. 이것이 지금 하느님이 원하는 돌들의 외침입니다.

어찌할 것인가?
예언과 환상을 잃었으니

　세상은 요지부동인데 절기는 여름을 지나 가을의 정취를 맘껏 자아냅니다. 아직도 주변에는 시간을 4월 16일 이전으로 돌리고 싶어 하는 유족들의 간절함이 차고 넘치는데 야속하게도 세월은 흘러 10월이 바로 눈앞입니다.

　제 옷깃에 달린 노랑 리본은 청운동 차디찬 바닥에서 생활하는 유족들이 직접 만들어준 것입니다. 자신들 아이의 억울한 죽음이 잊히는 것을 가장 두렵게 생각한 어머니들이 솟구치는 고통과 분노를 누르며 정성껏 노랑 리본을 만들었습니다. 거리에 오가는 많은 사람들 옷깃에서 노랑 리본을 보는 것만으로도 위로가 되고 힘이 된다고 할 정도로 그들의 일상은 너무도 힘겹습니다.

　하지만 어느 순간 노랑 리본은 반정부의 기호가 되었고 경제를 망치는 불의한 상징으로 매도되고 있으니 기막힐 노릇입니다. 이들을 거리로 내몬 것도 부족하여 조롱하며 훼방했고 상처 난 가슴에 소금을 뿌리는 사악한 일들조차 참고 견뎌야 하는 지경입니다. 인간의 고통을 먼저 헤아려야 할 정치가들과 교회 목사들이 앞장서 세월호 참사를 잊자고 선동하니 유족들은 이것이 국가인지를 물었고 기독교의 초라한 민낯을 보았다고 합니다. 자신들 권력을 위해 정부가 국민을 내쳤고 교회가 애통하는 이들을 불편한 존재로 여겼으니 언젠가 이들이 치를 대가는 혹독하리라 믿습니다.

세월호 참사를 겪으며 저에게 새롭게 맞닥트린 성서 본문은 앞서도 보았지만 미가서의 말씀이었습니다. 정의를 실종시킨 예루살렘의 지도자들, 정치가와 종교인들에 대한 하느님의 무서운 고발이 핵심 내용입니다. 정의를 예배보다 더 중히 여겼던 하느님은 신정정치(神政政治)의 이름하에 벌어지는 당대 권력자들의 탐욕은 참을 수 없었습니다.

백성들을 비탄에 몰아넣는 그들의 만행이 다음처럼 적시됩니다. "정의에 관심 가져야 할 너희가 선한 것을 미워하고 악한 것을 사랑한다. 너희는 내 백성을 산채로 그 가죽을 벗기고 뼈에서 살을 뜯어낸다. 너희는 내 백성을 잡아먹는다. 가죽을 벗기고 뼈를 산산조각 바수고 고기를 삶듯이 내 백성을 가마솥에 넣고 삶는다"(미 3:1-7). 성전의 지도자들이 얼마나 사리사욕을 취했기에 하느님께서 이렇듯 분노하며 그들 행악을 기억하는지를 본문은 아주 잘 설명합니다.

지도자들은 잊혀지기를 원하나 하느님은 백성들이 그렇듯 결코 잊지 않는 분이십니다. 저에게 오늘 성서 말씀은 세월호 참사를 통해

드러난 이 나라 정부와 교회의 행악을 질타하는 것이라 여겨집니다. 우리는 이번 대형 사고를 통해 이 땅의 구석구석, 총체적 부실을 경험했습니다. 국가는 어느덧 기업처럼 변해 경제의 노예처럼 되었고 관료들의 이기주의는 극에 이르렀으며, 종교마저 인간 욕망을 부추기며 뼛속까지 자본주의 옷을 입은 탓에 세월호 참사가 일어난 것입니다.

국가의 기업화, 그에 편승한 욕망하는 종교로 인해, 가난했다는 죄로 안산 지역의 젊은 생명들이 수장되고 말았습니다. 그들이 펼칠 미래가 결코 작지 않을 터인데 돈의 노예가 된 정부와 관료, 대형교회들이 그들 육신뿐 아니라 미래를 가마솥에 넣고 삶아버린 것입니다. 자신의 일터에서 가장 많은 비정규직을 고용하며 교회에 큰 헌금을 했고 가장 큰 건물을 짓는 장로가 있고 그를 축복하는 성직자가 있다 하니 오늘 말씀대로라면 이것이 백성의 가죽을 벗기고 살을 뜯는 일과 무엇이 다르겠습니까? 그러면서도 세월호를 하느님이 침몰시켰다 설교하는 목사가 있으니 적반하장도 유분수입니다.

지금도 팽목항에는 실종된 가족을 찾고자 뜬눈으로 지새우는 이들이 있습니다. 그들은 우리에게 하루빨리 실종자 가족이 아니라 '세월호 유족'으로 불릴 날만을 기다린다 했습니다. 유족들은 그런 실종자 가족들에게 미안해하면서 팽목항을 오르내리고 있습니다. 지금 유족들은 다섯 곳의 집을 오가며 살아간답니다. 국회의사당, 청운동, 광화문, 안산 분향소 그리고 자신들 집입니다. 다섯 곳을 주기적으로 오가며 일상을 빼앗긴 이들의 삶이 얼마나 고될지 상상조차 할 수 없습니다.

하지만 자신의 집이 보금자리가 아니고 자신들 다녔던 교회가 더 이상 안식처가 될 수 없는 지경에 이르렀습니다. 오로지 그들의 안식처는 거리이며 그들 가족은 기억하겠다고, 행동하겠다고 노랑 리본을 옷깃에 단 거리의 사람들일 뿐입니다. 우리가 거리로 나서지 않는다면 그들은 국가로부터, 교회로부터 버려진 정말 우리 시대의 고아이며 과부들이 될 수밖에 없습니다. 당분간 우리의 예배처가, 제단이, 거리에 있어야 할 이유입니다.

이어 미가서 본문은 정의를 잃어버린, 돈에 노예가 된 이 땅의 지도자들 그래서 세월호 참사의 원인 제공자인 그들에게 냉혹한 심판을 말하고 있습니다. 이제 그들에게 살길은 없다는 것입니다. 그들에게 어떤 퇴로도 허락지 않겠노라 말씀합니다. 어떤 기도도 응답하지 않겠다는 것입니다. 경제로, 먹고사는 문제로 백성을 겁박하고 회유하고 거짓을 행했던 그들의 날이 끝났음을 선포합니다.

먹고사는 문제가 정말 중요한 사안이나 그것으로 백성을 회유하고 겁박하며 결국 자신들 배불리는 일에만 관심을 가졌던 정치인, 종교지도자들에게 너희들 날이 저물었다고 말씀합니다. 백성들을 잘못된 곁길로 이끌었으니 신정정치의 핵심인 환상도 예언도 없을 것이란 저주였습니다. 세월호 참사의 사실(팩트)이 옳게 밝혀져야 할 이유가 바로 여기에 있습니다.

환상이란 미래를 볼 수 있는 능력, 현실 속에서 현실 너머의 것을 그릴 수 있는 창조력과 같은 것입니다. 예언이란 항시 옳고 바른 것을 말할 수 있는 능력을 일컫습니다. 그렇기에 종교에게서 환상과 예언이 사라지면 맛 잃은 소금처럼 그 본질이 실종됩니다. 한마디로 존재한다 한들 무용지물이 될 것이란 말입니다. 종교뿐 아니라 정치 영역에서도 환상과 예언은 마찬가지로 중요합니다.

비전이 없는 나라, 옳은 것을 잃은 나라는 결코 제 백성을 지키고 구할 수 없습니다. 환상 없고 예언 못 하는 정치인, 종교지도자들은 이 땅에 존재할 이유가 없습니다. 이런 상태로 이 땅 정치가들이 기름진 얼굴을 갖고 아무리 으스대고 뻔뻔하게 굴어도 미가서 말씀대로 얼굴을 들지 못할 때가 조만간 찾아올 것입니다. 간혹 TV에서 보는 그들 얼굴에서 죽음의 냄새를 맡습니다. 인격적으로 죽어 있는, 죽어가는 비참한 실상을 매일 보고 있습니다. 약자들에 대한 공감력을 잃은 그들은 살아 있으나 죽은 자들인 것입니다.

이렇듯 환상과 예언이 없는 민족은 참으로 불행할 것입니다. 이렇게 망할 나라가 되어가는 현실에서 나라를 지키는 길은 세월호 참사의 진실을 밝히는 일입니다. 이것이 밝혀져야 우리는 못난 과거, 우리의 옛 모습과 의연히 단절할 수 있습니다. 정의를 회복하기 위해서라도 진실이 알려져야만 합니다. 그렇기에 세월호 참사는 기독교인인 우리에게는 진리 싸움일 것이며 나라의 백성으로서는 망국과 새로운 건국을 생각하는 애국의 문제이기도 합니다.

만약 그들이 기억을 지우려 하고 진실을 덮고자 한다면 우리는 정당성을 잃은 그들, 자신들 본질을 상실한 형편없는 그들을 향해 대들어야 합니다. 바르게 서서 대들고 맞서는 것이 애국의 길이자 진리 편에 서는 일입니다. 하느님께서 얼굴을 돌린 이들 지도자들을 두려워할 까닭이 없습니다. 그들이 진실을 밝히는 일에 협조하지 않는다면 하느님 이름으로 역사가 준엄하게 심판할 것입니다.

이처럼 세월호 참사는 피로감을 앞세워 지워버릴 사안이 결코 아닙니다. 세월호는 영원히 생각해야 할 문제이고 해결해야 할 일상인 것입니다. 정희진이란 여성학자가 말하듯 지금 우리 정부와 교회는 행복이란 강박을 버리고 비극 앞에 더욱 정직하게 대면해야 옳습니다. '불안 없는 영혼이 더욱 위험한 까닭'입니다. 그래서 우리는 지속적으로, 피로하더라도 세월호 참사 앞에서 멈춰서야만 합니다. 전 국민이, 모든 학생이, 교회 성도가 몇 날 며칠이라도 함께 둘러앉아 말해야 하고 의견을 토로해야만 할 것입니다.

예수 말씀처럼 우리 시대에는 다른 아무 표증도 필요하지 않습니다. 세월호 참사만큼 우리 시대를 향한 하늘의 분명한 표증이 없는 까닭입니다. 니느웨 성의 요나의 표적과 다를 바 없는 이 표증을 놓친다면 교회의 미래, 기독교의 미래는 없습니다. 그리고 국가의 장래도 세월호처럼 실종되어버릴 것이 분명합니다. 세월호로 인해 기독교의 민낯이 드러났다고 유족들이 말하지 않았습니까?

2014년 들어 우리는 동학혁명 120주년을 기념했습니다. 민중들이 국가의 미래를 염려하며 살길을 찾았던 뜻 깊은 해입니다. 이와 함께 올해는 비록 한국 교회가 주목치 않았으나 교회사적으로도 중요한 의미를 갖고 있습니다. 히틀러 정권과 그를 지지하는 독일 기독교인들을 향해 "Nein"을 외쳤던 바르멘 선언(1934년)이 있은 지

꼭 80년 되는 시점인 것입니다. 당시 독일 교회의 98%에 해당하는 수가 오늘 성서 말씀처럼 히틀러에 동조했고 백성들의 고혈을 탐닉했으나 오직 2% 정도인 고백교회들이 바르멘 고백을 통해 그에 저항했던 아름다운 역사를 기억해야겠습니다. 당시 죽음을 각오한 소수의 교회들, 신학자들, 목회자들 없었다면 오늘 독일 교회는 과연 무엇이란 말입니까?

총체적 부실의 결산이자 우리 시대의 결정적 표증인 세월호 참사 앞에서 우리가 그 진실을 파헤치지 못한다면, 교회 역시 침묵하고 정부의 경제논리를 따른다면 훗날 이 땅의 교회는 민족에게 할 말을 갖지 못할 것입니다. 광화문 광장에서 40일 단식 그 종점을 눈앞에 둔 두 분 목사님, 그들이 불러낸 교파를 초월한 304명의 개신교 목회자들의 광화문 단식, 신학자 177명의 시국 선언이 있었습니다. 이제 그를 이어 신학생들 역시 어떻게 역사적 현실 앞에 바르게 설 것인가를 고만해야 할 것입니다.

"불안 없는 영혼이 더 위험하다"는 말을 다시 한번 기억해주길 바랍니다. 세월호 참사 앞에서 우리의 발걸음이 제대로 멈춰지기를 재차 권면합니다. 각 교파 신대원 학생들의 제대로 된 고민이 오늘의 축제를 통해 표출되기를 지켜보겠습니다. 우리에게 예언과 환상이 사라지는 것을 무엇보다 두려워해야 할 때입니다.

보라! 너의 어머니, 우리의 자식이 아니던가?
- 자연은 과실을 맺는데 사람은 꽃조차 피우지 못했구나 -

우리 주변에는 영원히 2014년 4월 16일에 머물 수밖에 없는 이 땅의 가장 슬픈 이들이 존재합니다. 세월호 참사 이후 절기는 여름을 거쳐 가을이 깊어졌건만 유족들의 마음은 여전히 4월의 팽목항을 떠날 수 없습니다. 지금 자연은 저마다 자신들 소임을 마치고 겨울을 준비하지만 — 밤나무는 밤을, 대추나무는 대추를, 감나무는 감을 내며 자신들 생을 마감하는 중이지만 — 세월호에 탑승했던 우리 아들딸들은 이 땅 어른들 잘못으로 꽃조차 피우지 못한 채 생을 마감하고 말았습니다.

실로 한 생명이 태어난다는 것은 어마어마한 일일 것입니다. 장차 그가 일굴 미래가 결코 가늠할 수 없을 만큼 크기 때문입니다. 사제와 목사가 되려 했던 아이들도 있었고 가수와 디자이너, 선생이 되고픈 재능 있던 학생들도 다수였습니다. 이 가을, 자신들 열매를 뽐내는 신실한 자연 속, 나무들을 보면서 그들의 미래를 수장한 세월호 참사가 너무도 애통하며 아직도 진실과의 대면을 회피하는 정부가 정말로 밉고 괘씸합니다.

더구나 유족을 배제한 여야의 정치적 야합이 백성을 절망케 했고 향후 진실 자체를 실종시킬 것만 같아 정치권에 대한 배신감이 극에 달하고 있습니다. 200여 일에 걸친 500만 시민의 거리투쟁이 없었다면 그나마 이 정도의 특별법도 없었을 것을 생각하면 정말 세월호 참사를 둘러싼 진실 공방은 이제부터일 것입니다.

사실 그동안 유족들 마음을 더욱 아프게 했던 것은, 조금씩 나아지곤 있으나 교회들의 냉혹함과 무관심이었습니다. 사실을 제대로 밝혀 같은 일이 반복되지 않도록 특별법 제정을 바랐으나 다수 교회는 유족들 편에 서지 않았습니다. 세상의 중심이 약자에게 있다는 십자가의 가르침을 길가에 떨어진 씨앗처럼 무가치하게 만든 탓입니다. 광화문 광장이 유족들의 고통과 절규의 장소가 되었고 애통하는 이들의 안식처가 되었으나 그 옆에 우뚝 서 있는 감리교 빌딩, 감리교는 이들에게 충분히 벗이 되지 못했습니다.

마틴 루터 킹 목사의 말이 떠오릅니다. "우리 시대의 최고 비극은 악한 자들의 아우성이 아니라 선한 이들의 침묵"이란 말씀입니다. 지금 국립극장에서는 단테의 〈신곡〉(神曲)이 공연되고 있습니다. 그중 한 대사도 다음처럼 같은 뜻을 전합니다. "지옥의 가장 뜨거운 자리는 도덕적 위기 시기에 중립을 지킨 자들에게 예약되어 있다."

그렇습니다. 대한민국의 총체적 부실을 드러낸 세월호 참사, 자식들 죽음을 실시간으로 지켜본 전대미문의 비극 앞에서 우리 하느님은 기억을 지우려는 이들과 기억하여 행동하겠다는 사람들 중 어느 편에 설 것인가를 묻고 있습니다. 그것이 우리 기독교인을 사랑하시는, 단테의 말을 빌리자면 지옥 불을 면케 하려는 하느님의 방법인 까닭입니다. 여신학자 도르테 죌레가 말하듯 하느님은 우리를 언제든 정의의 편에 서게 하시는 영원한 신비라는 생각을 멈출 수가 없습니다.

오늘 본문(요 19:17-27)에서 저는 아들 예수의 십자가 처형을 지켜보는 어머니 마리아의 마음을 헤아려봅니다. 아무리 성령으로 잉태되었다 한들 자신의 몸으로 낳은 아들 예수였습니다. 다른 형제들도 있었지만 어머니 마리아에게 예수는 특별한 아들이었고 그를 통해 세상이 달라질 것이란 희망을 품을 수 있었습니다.

누가복음 첫 장에 기록된 마리아 찬가를 보면 이 여인은 예수를 잉태하면서 자신의 삶이 얼마나 복될 것이며 자기 인생이 비교할 수 없을 만큼 자랑스럽게 바뀔 것인지를 맘껏 노래했습니다. 연약한 여인이지만 잉태를 통해 자신의 삶이 예상치 못한 방식으로 달라질 것을 스스로 대견해했고 그 자신감을 만방에 전했던 것입니다.

이렇듯 자신의 삶을 달리 만들었던 예수가 지금 자기 보는 앞에서 십자가에 달려 처형당하고 있습니다. 더구나 흉악한 강도들 틈에 끼여 자칭 유대인 왕이라 조롱받았고 그의 옷은 벗겨져 맨몸이 드러났으며 생각 없는 군인들에 의해 조롱거리가 되고 말았습니다. 자신이 믿었던 아들, 자신의 존재감을 새롭게 각인시켜준 아들의 비참한 고통과 죽음을 목도하는 어머니 마리아 심정이 어떠했을까를 생각하며 세월호 유족들, 아이들의 죽어가는 모습을 지켜봤던 단원고 어머니들을 떠올려봅니다.

실시간으로 중개된 세월호의 침몰, 아마도 그것은 마리아가 지켜본 십자가 처형만큼이나 안산의 어머니들에게 고통스런 사건이었을 것입니다. 예수의 십자가 죽음이 죄 없는 억울한 이의 사건이었듯이 세월호 참사 역시 이 땅의 사악한 이들로 인한 무죄한 아이들의 억울한 희생인 까닭에 이들 두 어머니의 마음은 아프도록 닮았습니다.

무고한 자식의 비참한 죽음을 목전에서 지켜본 어미의 심정을 헤아린다면 이 땅의 지도자들이 이처럼 악할 수는 없습니다. 죄 없는 유족의 고통을 조롱하고 방관하는 오늘의 위정자들 그리고 그에 빌붙은 이 땅의 성직자들, 그들은 옛적의 빌라도이며 로마 군인들이자 당시의 제사장들과 조금도 다르지 않습니다. 남의 희생을 대가로 자신들 권력을 유지하려는 가장 추악한 존재들일 뿐입니다.

익히 알 듯 안산 단원 지역은 상당히 가난한 동네였습니다. 그렇기에 그곳 부모들은 자식 낳아 기르며 오직 그들만을 뒷받침하며 자신들의 미래를 새롭게 꿈꿨습니다. 일 때문에 함께 살지는 못했지만, 비정규직이라 충분히 가르치지 못했겠으나, 맞벌이 부부인 탓에 끼니를 챙겨주는 일조차 쉽지 않았어도 이들 유족들은 자식들을 통해 오늘의 고통을 잊었고 내일을, 미래를 꿈꾸며 하루하루를 기쁘게 지냈습니다. 비록 가진 것이 적다는 이유로 현실에서 홀대받았어도 자식이 있는 까닭에 가슴을 펼 수 있었고 자식들로 인해 남부럽지 않았던 어머니들이었습니다. 이들 어머니들 역시 나름대로 수없이 '마리아 찬가'를 썼을 것이며 자신들 삶을 보람 있다 했을 것입니다.

성서와 안산의 두 어머니의 마음이 교차, 비교될 수 있듯 세월호 참사 역시 십자가 의미에 잇대어 설명될 수 있을 것 같습니다. 주지하듯 세월호는 인간 욕망지수가 세계에서 가장 높은 대한민국의 실상을 반영합니다. 흔히 종교와 욕망은 상호 반비례해야 옳을 터인데 세계 내 욕망지수 1위라는 지적은 한마디로 종교, 기독교 무용론을 드러내줍니다. 대통령마저 국가를 기업화했기에 백성들 모두가 경제동물이 되었고 그 귀결이 공공성의 실종으로서 '관피아', '법피아'라는 기형적 존재들을 양산했습니다.

아이들을 살릴 수 있던 마지막 시간, 소위 '골든타임'이란 절체절명의 순간조차 선장과 선원들은 화물 과적을 숨길 방도를 본사와 교신했다 하니 자본에 물든 악의 평범성, 노예성이 너무도 깊고 넓게 우리 현실을 지배하고 있습니다. 그렇기에 세월호 참사는 이런 자본의 제국, 악의 제국주의에 의해 희생된 우리 시대의 십자가이며 수장된 아이들은 저마다 작은 예수들입니다.

이 참사로 인해 우리는 이 땅의 실상을 보았고 우리 자신들 속의 악을 깨칠 수 있었습니다. 우리의 역사가 세월호 참사 이전으로 되돌아간다면 이 백성 모두 언젠가 앉아서 떼죽음을 당할 수밖에 없음을 자각한 것입니다. 하지만 경제를 앞세운 악의 세력들은 여전히 자신들 기득권에 관심을 두며 오로지 그를 지키려 합니다. 유족들과 민주세력을 와해시켜 재집권을 통해 세월호 참사를 기억에서 지우는 것이 정부여당의 정치적 목표가 되었습니다.

그럴수록 우리는 세월호의 실체적 진실을 찾아야 합니다. 이는 죽은 예수를 부활시키는 일과 결코 다르지 않습니다. 자식들의 죽음을 통해 그들 부모들이 먼저 부활했습니다. 그래서 그들은 생사를 걸고 어떤 보상도 바라지 않은 채 사실만을 찾고자 동분서주했습니다. 자신들의 소중한 일상을 접은 채, 온갖 모욕적 언사도 감내하면서 광화문과 여의도, 안산 분향소를 오가며 그들은 지금 거리에서 숙식하고 있는 것입니다.

이제 그들 절규를 듣고 그들 손을 잡는 것이 이 시대의 부활(성령) 체험인 것을 숙지하십시다. 진실이 밝혀질 때 비로소 아이들의 죽음이 시대의 질고를 짊어진 죽음이었음을 알게 될 것입니다. 그래야 거리로 내몰린 유족들이 일상으로 돌아갈 것입니다. 남겨진 가족들을 돌보며 그들 남은 인생을 살아낼 수 있기 위해서 말입니다..

오늘 본문 마지막에서 못에 박히고 창에 찔린 상처로 죽을 지경에 이른 예수께서 있는 힘을 다해 어머니와 제자들에게 말씀합니다. "어머니 이들이 당신 아들입니다. 제자들아 이분 마리아가 이제 네 어미다." 저는 이 말씀이 결코 예사롭게 들리지 않아 오늘 말씀의 제목으로 택했습니다.

온몸의 피를 쏟으며 죽어가는 아들 예수를 시켜보는 어미의 마음은 어떠했을까요. 최근 페이스북으로 전파된 후지 티브 영상을 통해 보듯 물이 턱밑까지 차오르는 상황에서 살고자 애쓰는 딸의 모습을 바라보는 어미의 마음을 어찌 헤아릴 수 있을까요? 그런 정황에서 예수는 마리아를 향해 제자를 비롯한 주위 사람들이 이젠 당신의 아들이 되었다고 말씀합니다. 그러곤 제자들에게도 마리아, 그녀가 너희들의 어미가 되었음을 선포했습니다. 모두가 모두에게 어미가 되고 자식이 되는 관계를 만들어주신 것입니다.

흔히 기독교는 유교적 가족관계를 넘어선 탈(脫)경계적인 보편 종교라 자랑해왔습니다. 하지만 현실 기독교는 자기 교회, 자기 종교, 급기야 자기 자신밖에 모르는 이기적 종교가 되고 말았습니다. 세월호 유족, 그 어미들의 아픔에 결코 공감하지 않았습니다. 오히려 그들 아픔이 그칠 때가 되었다고, 더 이상 자식 앞세워 나라 어지럽히지 말 것을 엄히 문책하는 낯선 종교가 되어버린 것입니다. 너무도 잔인하고 무책임하며 어설픈 신앙인의 모습입니다.

아직 끝날 수 없고 결코 이렇게 끝나서는 안 될 슬픔을 자기 자식, 자기 가족이 아니기에 냉혹하게 말하는 그들에게서 예수의 가상칠언(架上七言) 중 하나인 마지막 본문 말씀이 가슴에 공명될 리 없습니다. 하지만 수장된 세월호 아이들이 우리 자녀이고 자식 잃은 부모들이 우리 부모라는 것이 오늘 성서가 전하는 뜻 아니겠습니까? 그렇기에 세월호 슬픔은 아직도 지속되어야 옳은 일입니다.

세월호는 그 실체가 낱낱이 파헤쳐질 때까지 영원히 생각할 사안입니다. 피로 담론을 퍼트리는 이 땅의 정치가들에 편승하는 추악한 기독교의 모습을 접어야 할 때입니다. 지금 우리에겐 피로감이 아니라 궁금증만 더욱 가열 차게 일어나는 까닭입니다. 궁금합니다! 더욱 알고 싶습니다! 세월호 참사는 우리 시대를 향해 보이신 하느님의 유일한 표증입니다. 그 옛날 요나의 니느웨 표적밖에 없다 하신 예수 말씀처럼 박근혜 정부의 세월호 참사는 우리 시대를 위한 준엄한 표증이 된 것입니다. 이를 보지 못하고 시류에 편승, 잊기를 바란다면 미래 세대는 우리에게 이렇게 물을 것입니다. "그 힘겹고 애통하던 시기에, 5백만 이상이 특별법을 위해 애쓰던 시기에 너희 기독교는 무엇을 하며 그 시간을 보냈느냐고?"

지금껏 10월이 되도록 모두들 주목하지 않았지만 2014년은 히틀러 정권과 그를 지지하던 독일 기독교를 향해 소수 기독교인들이 반기를 들었던 바르멘 선언(1934년) 80주년이 되는 해입니다. 모두가 히틀러를 지지하고 그를 메시아로 고백하던 시기, 그것을 양심가책 없이 당연시했던 시절, 2%의 지극히 적은 기독교인들의 이 선언이 없었다면 독일 기독교란 도대체 역사 앞에서 아무것도 아니었을 것입니다.

얼마 전 KNCC 90주년 행사에서 고백되었듯 한국 교회, 아니 이 땅의 교회는 매우 크게 흔들리고 있습니다. 부활한 예수가 제자들에게 '갈릴로'로 가라 명하셨듯이 어느덧 세월호처럼 되어버린 걸 화려한 교회에서 뛰어내려 거친 광야로 나가야만 합니다. 광화문 광장이, 청운동이 우리의 교회요 제단이 되어야 마땅합니다. 교회라는 공간에 안주하며 종교적 책임을 다했다는 자기만족에서 탈출해야 합니다. 대통령과 국회가 유족을 버렸으니 우리 백성들, 기독교인들이 끝까지 그 곁을 지켜야 옳습니다. 그곳에서 고통을 당하는 이들과 부둥켜 않을 때, 유족들과 함께 웃고 울 때, 모두가 우리 어머니요 자식이란 생각이 들 때 우리 교회 역시 부활할 것입니다.

하여 감히 외쳐봅니다. "이 땅의 기독교여, 교회들이여! 유족들과 함께 역사를 소생시키는 부활의 길을 향해 나아갑시다. 정치권이 막은 길을 정의의 하느님을 믿는 우리 신앙인들이 헤쳐 나가봅시다."

수백의 아이들을 수장시킨 지난 부활절이 슬픈 부활절이었듯 자연의 열매에 감사하는 이 절기에 자식과 자신들 미래를 빼앗긴 이들의 아픔을 생각하며 그들의 앞날에 힘이 되겠다고 다짐하는 것이 2014년 감사절의 뜻이라 믿습니다.

교회를 다시 꿈꿔보자
- 새로운 복음화, 지속적 복음화를 위하여 -

종교개혁일과 추수감사절을 지나 성탄을 기다리는 대강절로 접어들었습니다. 세월호 참사의 고통을 안고 이들 절기를 지나는 동안 우리는 어떤 개혁을 꿈꾸었으며 무엇을 감사했고 지금 우리가 간절히 염원하고 바라는 것이 무엇인지를 자문해봅니다. 개혁은 물론 절실한 희망조차 부재한 것이 오늘 우리의 모습입니다. 자신들의 부패와 타락으로 교회를 나눴던 지난 경험 탓에 교회 부패에 대한 가톨릭의 치열한 자기성찰에 견줄 때, 정작 사회의 문젯거리로 전락한 개신교의 현실 인식은 참으로 안일하고 일천해보입니다.

과거 종교개혁이, 천 년을 지배했던 중세 가톨릭교회의 신학을 넘어서는 것이었다면 종교개혁 500년을 앞둔 오늘의 개혁은 기독교마저 집어삼킨 자본주의 체제와 맞서는 일이어야 할 것입니다. 이를 극복하려는 교회 밖 뜻있는 사람들의 움직임이 서서히 나비효과를 일으키는 중이나 아직도 다수 교회는 자본주의와 짝하며 번영신학의 환상을 버리지 못하고 있는 듯합니다.

　교회들의 존재양태가 너무도 자본주의를 닮아 있는 현실에 누구도 두려워하지 않는 것이 참으로 놀랍습니다. 하늘 뜻 편다는 자신들 존재 자체가 동이 서에서 멀 듯, 본질에서 멀어진 그 참담한 간극을 애써 영적이란 말로 포장, 은둔시키면서 말입니다. 그럴수록 교종께서 이 땅을 방문하며 전한 것이 바로 '영적 세속성'에 대한 경계였음을 기억해야 할 일입니다.

　지난 8월 세월호 아픔이 절정에 이르렀을 때 교종은 '복음의 기쁨'이란 화두를 들고 이 땅을 밟았습니다. 아주 단순한 말이고 당연한 것이었지만 그 말이 주는 감동이 결코 작지 않았습니다. 그 기쁨을 잊고 살았다는 자책감에 신앙적 괴로움도 일어났습니다. 하지만 교종 역시 복음이 기쁨이 되기 위해 두 가지 차원을 강조해야만 했습니다. 복음 앞에 '새로운'과 '지속적인'이란 형용사를 달아놓았던 것입니다.

　교종은 복음이 전도나 선교의 차원과 동일시되는 것을 경계했고 일회성 약발로 작용하는 것에 일침을 놓았습니다. 말씀드렸듯 하느님 영을 세속화시킨 번영, 성장 신학과는 복음이 너무도 이질적이란 것입니다. 오히려 그는 아주 당연한 것이라 잊고 있었던 복음의 본질을 성서에서 되찾아 그 본뜻을 깨닫게 했습니다. 복음은 우선적으로 고통 받는 가난한 자에게 기쁨이 되어야 한다는 것입니다. 작금의 세계화가 실상 무관심의 세계화인 한에서 복음이 의당 가난한 자를 위한 것이란 의미로 교종께서 '새로운 복음화'를 말한 것입니다.

이처럼 가난이 새로운 복음화의 근거이자 토대가 될 수 있었던 성서적 근거로 우리는 갈라디아서 2장 10절의 말씀을 들 수 있습니다. 주지하듯 A.D. 49년 갈라디아에서 바울을 중심으로 한 이방적 교회와 야고보가 이끄는 예루살렘 교회가 상호 협상하여 각자의 존재를 공식적으로 인정하게 됩니다. 이방인 교우들에게 더 이상 할례나 율법을 강조하지 않겠다고 당시로서 권위를 지닌 예루살렘 공동체가 선포한 것입니다. 이후 교세가 역전되고 오히려 유대인 기독교 공동체가 이단(에비오니즘)으로 판명되어 아라비아 반도로까지 쫓겨났지만 당시로선 평화로운 협정이었습니다.

오늘 첫 번째 본문(갈 2:10)은 이 협정 당시 바울이 한 말로서 깊은 뜻을 함축합니다. 예루살렘의 수장 야고보가 바울과의 협정을 통해 대자유를 선포하면서 부탁한 것은 '가난한 사람들을 기억해달라'는 것이었습니다. 이에 대해 바울이 답합니다. 가난한 자를 돕는 일이 바로 지금껏 바울 자신이 '마음을 다해 힘쓰던 일이었다'고 말입니다. 복음이 이방인, 유대인을 향해 각기 다른 정황에서 선포될지라도, 그렇기에 선포 방식에 차이가 있다 한들 공히 공통적인 것은 '가난한 자들에 대한 치유' 그 자체였던 것을 본문이 적시하고 있습니다.

이 본문을 인용하며 교종은 가난한 자를 잊지 않고 그들 편에 서는 것이 바로 '기독교 정통성'을 가늠하는 기준이라 하였습니다. 오늘 우리의 정황에선 세월호 유족들 곁에 서는 것이 기독교적 선택이란 것이지요. 그렇다면 오늘의 교회, 번영과 성장의 상징인 다수 교회들이 과연 정통인지 되물어야 하지 않겠습니까?

이처럼 가난은 사회·정치적 주제이기 이전에 신학적 범주에 속하는 문제가 되었습니다. 기독교 정통성을 담보하는 핵심 사안이었던 것입니다. 따라서 우리는 두 번째 본문(요일 3:17) 앞에 서게 됩니다. 세상 재물을 갖고 있으면서 형제의 궁핍함에 마음을 닫는다면 하느님 사랑이 그 사람에게 머물 수 없다는 것입니다. 달리 말하면 하느님 마음속엔 세월호 유족들, 즉 가난한 자들을 위한 특별한 자리가 마련되어 있다는 사실입니다. 그들을 편들기만 하는 것이 아니라 그들을 하느님 자신의 심중에 품고 있다는 것이지요.

예수께서 가난한 자의 모습으로 왔고 버림받은 친구로서 그들 '곁'에 있었던 것이 바로 하느님의 특별한 자리, 마음속 여백의 실상이 아닐까 싶습니다. 그렇기에 우리는 오히려 가난한 자들로 인해, 그들 편에 섬으로써 우리 자신을 복음화할 수 있게 됩니다. 가난한 자들이 수혜의 대상이 아닌 오히려 우리를 구원하는 주체인 것을 오늘 본문이 강조합니다. 가난한 자들로 인해 오늘 우리가 구원된다는 말입니다. 그들에 대한 마음이 닫혀 있다면 우리에게 하느님 사랑이 거할 수 없는 까닭입니다. 인간의 얼굴을 한 하느님에 대한 봉사와 헌신, 바로 이것이 교회가 세상 마지막 때까지 존재해야 할 이유가 아니겠습니까?

이를 위해 우리는 자본주의가 부추긴 소비의 영성, 영적 세속성과의 지난한 싸움에 승리해야만 합니다. 세월호 유족들, 가난한 자들을 편드는 일은 우리 스스로를 가난케 하지 않고서는 이룰 수 없는 환상인 탓입니다. 그래서 교종은 "교회의 복음화 없이 세상의 복음화는 없다"고 말한 것입니다.

교회 복음화를 위해 가장 큰 걸림돌이 성직자로 판명된 것은 불행한 일입니다. 하여 고인이 된 김수환 추기경은 성직자들을 일컬어 쓰레기통에 비유한 바 있습니다. 거듭 비워내지 않으면 악취를 낼 수밖에 없는 존재, 바로 그들이 성직자의 자화상이기 때문입니다. 제소리를 내지 못한 채 남의 말을 강단에서 쏟아 내거나 자기 메시지를 삶으로 증명하지 못하는 공허한 강론을 그치고, 설교가 성직자 자신이 바칠 최고의 봉헌이 될 것을 요청합니다.

따라서 오늘의 목자상은 자본주의 체제와 맞서 하느님 정의를 이루고 체제의 종 된 삶을 끊는 존재로서 표현되어야 옳을 것입니다. 교회가 이런 성직자를 육성하는 공간이 될 것을 기대해봅니다.

이제 복음의 지속성을 언급할 차례가 되었습니다. 지금껏 우리는 일회적 부흥을 위해 복음을 사용했고 교회만을 위한 개념으로 이를 활용해왔습니다. 그러나 세상의 평화가 없다면 복음이 지닌 지속적 힘은 증명될 수 없습니다. 산상수훈(마 5:9)에 기록된 대로 평화를 이루는 힘이 바로 복음의 지속성이라 하겠습니다. 지금껏 우리는 자기들 종교의 으뜸 됨을 주장하느라 상호 갈등과 대립을 일삼았습니다. 하지만 이제는 자신들 절대성의 요구보다 더불어 공존하는 지혜와 가치가 무엇보다 중요해졌습니다. 종교의 존재 이유도 바로 여기에 있을 것이겠지요.

이 점에서 이 땅의 교회는 아시아적 지혜를 십분 활용하는 것이 필요합니다. 일찍이 아시아의 한 신학자는 서구 기독교가 이 땅에서 존재하려면 먼저 아시아의 종교성과 민중성에 몸을 적셔야 한다는 명언을 남겼습니다. 예수의 공생애가 요단강 세례 이후 이뤄졌듯이 말입니다. 이 땅의 기독교는 세계화로 인해 문화적 뿌리가 급격히 손상된 것에 깊이 근심해야 옳습니다. 생명 종 다양성이 생태계를 지키듯 문화적 다양성이 세상을 풍요롭게 하는 까닭입니다. 어느 하나의 문화가 독점하는 것은 하느님 보기에도 좋은 일이 아닐 것입니다. 그래서 기독교 신학은 오래전부터 어떤 하나의 문화가 그리스도의 신비를 온전히 담아낼 수 없다고 가르쳐온 것입니다.

일찍이 함석헌 선생도 말했듯 저마다 이 땅에 '뜻'을 전하러 왔던 앞선 종교들과 더불어 기독교는 인류 미래를 위한 최대의 적, 무관심의 세계화, 생태적 파괴를 부추기는 자본주의 이념과의 싸움을 함께 감당할 필요가 있습니다. 인류의 공동선을 위해 향후 기독교는 감리교신학대 학문 전통인 토착화 신학을 교회론과 접목해 발전시킬 책임이 있습니다.

글을 접을 시점에 이르렀습니다. 종교개혁 500년을 앞두고 우리는 종교가 감당할 새로운 책무가 있음을 분명히 인식해야 합니다. 세상이 먼저 시대를 바꾸고자 하는 이때 우리 교회는 아직도 끓는 고기 가마솥이 있던 그 시절을 그리워하는 것 같습니다. 어림없는 일입니다. '복음의 기쁨'이란 말 말고는 모조리 바꾸어도 될 만큼 우리는 몰락 중입니다. 자본주의를 벗고자 하는 인류의 공동선에 기독교가 크게 일조하기를 기대합니다. 이것이 실정법이고 삶의 틀거지인 한 그 속에서 머물 수밖에 없으나 이것이 우리를 영원히 종노릇하게 만드는 체제인 것을 잊지 맙시다. 어느덧 교회마저 이 틀에서 한 치도 벗어나지 못한 현실을 치열하게 고발해야 합니다.

오늘 우리에게 하느님의 은총이란 이 체제를 벗도록 하는 힘입니다. 은총으로 다가오는 하느님 정의를 실정법인 자본주의로 억압하는 것이 용서받지 못할 죄인 것을 인지합시다. 이른 아침 불려진 일꾼이나 황혼녘에 일하러 온 일꾼에게 일용할 품삯을 함께 준 하느님 나라 비유를 하찮게 여기지 맙시다.

지금 하느님 나라 이야기는 우리에게 체제를 거스르는 범법자(?)가 되기를 요구합니다. 세상법인 자본주의 방식대로 존재할 것인지 아니면 하느님의 은총으로서 정의의 나라에 거할 것인지 바로 이것이 로마서 7장에 기록된 바울적 고뇌의 오늘의 실상입니다. 세월호 특별법 제정을 앞두고 이 땅의 위정자들이 이런 고민으로만 마음이 부주했으면 좋겠습니다.

정의는 은총이다
- 법과 하느님 정의 사이에서 세월호 참사를 읽다 -

우여곡절 끝에 세월호 특별법이란 것이 국회를 통과했다. 하지만 유족들의 뜻과 한(恨)을 풀지 못한 정치적 야합의 결과였기에 기쁨보다 걱정이 앞선다. 그래서 그것이 특별법일 수 있겠는가를 회의하는 이들이 많다. 하지만 그나마 200여 일에 걸친 이 땅 시민들의 투쟁과 단식의 산물이었기에 애써 위로를 받으며 법정신이 옳게 실행되어 가는지 두 눈 부릅뜨고 지켜봐야 할 것이다. 피로감보다 궁금증이 더한 백성들의 눈과 귀를 막아 기억을 지우고 사실을 왜곡하려 든다면 정권의 존립 자체가 위험에 처할 수도 있다. 〈다이빙벨〉 영화를 통해 귀로 들었던 것이 눈으로 확인되듯 해경을 비롯한 정부의 의심스런 행태가 너무도 많았던 탓이다. 비록 특별법을 위한 1천만 명의 서명이 성사되지 못했으나 이 영화를 많이 이들이 볼 수 있다면 진실을 밝히는 데 큰 힘이 되리라. 아마도 정부가 이를 가장 두려워할지도 모를 일이다.

주지하듯 세월호 특별법의 요지는 유족들 또는 그를 대변하는 이들에게 수사권과 기소권을 주자는 것이었다. 시민들은 자식들이 죽어가는 것을 실시간으로 지켜보았고, 사고가 일어난 뒤에도 온갖 의혹과 비리로 점철된 세월호 참사의 특별함에 견줄 때 의당 그리하는 것이 옳다고 생각했다. 몇몇 신문들이 특별한 경우 기존 실정법 자체를 수정했던 가장 민주화된 영국의 사례를 들어 특별법 논리를 지지했으나 우민화(愚民化)에 바탕한 보수 기득권 세력의 반발로 여론이 확산되지 못했다. 새누리당, 아니 청와대 쪽의 저항이 너무 컸고 이를 위법화하는 논리를 종편 등을 통하여 확산한 탓이다. 백성들을 어르고 달래며 웃기고 선동하는 방식으로 종편은 정부의 애완견 역할에 너무도 충실했던 것이다. 백성들을 분리시켜 지배하려는 정부의 술책으로 세월호 특별법을 입안한 민변의 힘 역시 상당 부분 무력화되기도 했다.

하지만 이런 슬픈 정황에서 종교적 차원의 역할이 있어야 했고 이에 대한 신학적 성찰이 있어야만 했다. 그것은 정의, 즉 하느님의 공의(公義)를 훼방하는 기존(실정)법 속의 폭력성에 대한 의문이자 고발일 것이다. 특별법을 실정법이 아닌 하느님 정의의 차원에서 바라봤어야 했다는 반성이다. 하지만 다수 교회와 성직자들조차 실정법 차원에서 세월호를 보았고 법을 능가하는 신앙 본연의 태도를 스스로 방기해버렸다. 유족들, 본래 기독교 신앙인이었던 유족들에게서조차 교회와 하느님이 버림을 받은 것은 이렇듯 하느님 정의를 놓친 채, 그들 역시 기득권에 안주했던 탓이다.

최근 로마서가 칭의론이 아닌 정의론의 시각에서 다시 독해되고
있다. 그동안 칭의(稱義)가 개인적, 종교적 차원에서 지나칠 정도로
협소하게 해석된 것에 대한 전폭적 교정인 셈이다. 이는 종교개혁자
들의 시각에서 해방되란 요구이기도 하다. 달리 말하면 로마의 압제
상황에서 바울을 다시 읽어야 한다는 주장이다. 익히 알 듯 바울은
당대의 실정법인 로마법과 모세 율법을 넘어서고자 했던 사람이었
으며 희랍의 지혜마저 무력화했던 장본인이었다. 법과 지식의 폭력
성, 그것을 지닌 존재를 특별하게 여기며 그것이 없는 상대를 홀대하
고 핍박하는 실상을 아주 잘 알았던 까닭이다.

바울은 예수가 유대법과 로마법에 의해 범죄자가 되었고 십자가
에 달렸다고 기록한 최초의 성서 집필자였다. 따라서 그는 다메섹
체험 이후 일체의 '법'(法)을 넘어서는 삶을 강조했고 그것을 믿음에
의 복종이라 했으며 하느님 은총으로서 정의(칭의)라 여겼다. 법이
아닌 정의의 세상, 지식이 아닌 믿음의 현실을 이 땅에 구현코자 한
것이다.

구조주의 철학자 푸코 역시 이 점에서 서구 근현대사 속에서의
법과 지식의 폭력성을 여실히 밝혀주었다. 우리의 근현대사 속에서
도 실정법에 의해 희생당한 의로운 인물들이 한둘이 아닐 것이다.
의문사란 이름하에 가려지고 덮여진 억울한 죽음이 얼마나 부지기
수일 것인가? 불의한 국가권력에 의해 희생당한 안타까운 주검이
온 산하를 덮고 있음에도 이 땅의 법은 국가란 미명하에 정부 편을

들어주지 않았던가? 오로지 정권유지를 위해 사실을 은폐, 호도했던 지난 독재정부의 과오를 모르지 않을 터인데 박근혜 정부는 세월호 유족들을 향한 냉담함에서 들어나듯 '역사는 진보한다'는 말을 부끄럽게 만들며 그 일을 반복하고 있다.

그렇다고 실정법을 부정할 수도 없는 노릇, 이것이 바울의 고민이자 우리의 현실적 난제일 것이다. 국가라는 체제가 존재하고 그 틀 안에서 사는 한, 법 없이는 정의가 실현될 수 없는 것도 부정할 수 없는 까닭이다. 그러나 법이 정의와 등가가 되고 그렇게 강요되는 순간 그것은 결코 정의일 수 없다. 참 정의는 하느님의 의(義)로서만 드러날 수 있다는 것이 믿음의 세계이다. 바울이 로마서 7장에서 고민했던 주제가 바로 이런 실상을 반영한다. 법을 무시할 수 없으나 법으로는 원하는 선(善)을 행할 수 없었고 슬퍼하는 자와 함께 슬퍼할 수 없음을 알았으며, 그들의 눈물을 닦아주는 정의(正義)를 위해서는 오로지 하늘 은총의 필요성을 크게 자각했던 것이다.

성서가 말하며 믿음의 세계에 속하는 하느님 정의는 결코 법으로 실현될 수 없다. 국가적 법에 안주한다면 기독교란 종교는 애당초 존재할 이유가 없었다. 예수의 하느님 나라 비유가 적시하듯, 성서적 정의는 아침에 일하러 왔거나 황혼녘에 부름을 받았어도 일용할 양식을 위해 같은 품삯을 주는 주인의 마음을 닮았다. 하지만 이런 정의는 그래서 하늘의 은총이 있어야만 가능하다. 교환과 보상, 자본주의 법에 익숙한 우리가 자발적으로 행할 수 있는 차원이 아닌 탓이다.

그렇기에 기독교 교회는 이 땅에서 이런 식의 정의가 실현될 것을 기대했고 이런 삶을 수용하는 것을 신학은 믿음에의 복종이라 가르쳐왔다. 자신의 행위가 법적 차원에 머무는 것을 언제든 부끄러워했고 그 이상이 되지 못하는 것을 고민해왔던 것이다. 법으로는 죄인이 아닐지라도 하느님 앞에서 죄인이라는 고백도 이런 차원에서만 가능할 수 있다. 그렇기에 현실 교회가 오독하고 있으나 '오직 은총으로만!'이란 종교개혁 원리는 어떤 유형의 법이든 법으로 정의를 실현할 수 없음을 적시한 것이다.

주지하듯 금번 세월호 특별법은 법(法)을 넘어서 정의를 실현하고자 하는 이 땅 민중들의 염원과 한 맺힌 유족들의 절규가 반영된 것이었다. 하지만 정부는 실정법을 앞세워 정의의 실현을 방해했고 은총의 영역을 무시했으며, 믿음의 세계를 짓밟아버렸다. 끝까지 법으로 하느님의 정의를 억눌렀고 그들 대신하려 했던 것이다. 그래서 현 정권은 옛적 로마를 닮았고 교회 성직자 역시도 예수를 빌라도의 손에 넘긴 옛날 대제사장처럼 되어 스스로 하느님 정의를 왜곡했다. 결과적으로 유족들을 다시금 십자가에 못 박고 말았다. 설령 위정자들이 그리했다 한들 이 땅의 교회와 성직자들이 법으로 은총을 대신한 것은 진정 용서받기 어렵다. '화있을 자'들이 된 것이다. 세상 중심이 약자들에게 있고 그들을 편드는 것이 하느님의 정의인 것을 배부른 교회들이 망각한 탓이다. 따라서 이후 이 땅에 미칠 화가 두렵기만 하다. 꽃봉오리 같은 아이들을 수장하는 것으로도 부족해 그 부모들조차 세상에서 고립시킨 정부와 교회를 향한 하느님의 심판이 두렵기만 하다.

이제라도 하느님 정의를 위해 우리 기독교인들이 할 일은 이 땅에서 범법자가 되는 일이다. 예수가 그랬듯이 말이다. 법을 넘어서야만 하느님의 정의를 실현할 수 있는 까닭에 우리가 할 일은 그것뿐이다. 법을 넘어서는 하느님의 공의, 그것을 위한 험난한 길을 하느님께서 축복하실 것이다. 이것이 로마서 7장을 통해 하느님의 은총을 깨달은 바울의 심정일 것이며 그가 자랑코자 한 십자가의 길인 것을 확신한다. 그럴수록 우리의 믿음 없음에 용서를 구할 뿐이다.

아우슈비츠 이후와 세월호 이후,
그 신학함의 닮은 꼴

　유대인 6백만 명을 희생시킨 아우슈비츠 사건 이후 독일 기독교는 아브라함과 야곱과 이삭의 하느님을 죽었다고 선포했으며 정치신학으로 방향을 크게 전환했다. 가스실에서 고통당한 선량한 유대인과 더불어 하느님은 죽었으나 그 하느님을 죽게 만든 체제와의 싸움을 위해 당시 신학은 예수를 앞세웠고 그를 정치적 인물로 재구성했던 것이다. 고인이 된 도르테 죌레의 『대리자(*Stellvertreter*)』란 책이 바로 그 대표적 경우라 하겠다.

　이 땅 한국에서는 전태일의 죽음을 거쳐 40년 만에 세월호 대참사(학살)를 겪으면서 어린 희생자들을 죄 없는 예수의 죽음이라 칭하고 있다. '마리아의 찬가'를 통해 아들 예수의 현존과 그의 미래를 자신의 삶으로 품어냈던 마리아가 아들 예수의 고통스런 십자가 처형을 목도했듯, 안산의 어머니들 역시도 자식을 낳고 나름의 찬가를 썼을 것이며 이 땅의 총체적 부실과 무능, 심지어 학살이라 불릴 만큼 의문투성이의 사건으로 인해 턱밑까지 차오는 물을 피하려 애쓰다 죽어간 자식들을 실시간으로 지켜보아야 했으니 두 어머니의 고통과 절망과 삶은 아주 닮았다.

하지만 아우슈비츠 이후 정치신학을 근거 지은 예수마저 이 땅에서는 죽고 말았으니 그렇다면 우리는 세월호 이후에 어찌 신학을 말할 수 있는 것일까? 사실(fact)을 덮고자 하는 이들로 인해 기억이 지워질 때면, 아니 우리 스스로 이제 그만해도 좋다고 안일하게 대처한다면 이런 참사는 거듭 반복될 수밖에 없다. 이로 인해 하느님이 아닌 죄 없는 예수들, 이 땅의 약자들의 희생은 거듭될 것이 분명하다.

이처럼 뭇 예수들의 죽음이 예견되는 현실에서 신학이 하느님과 예수를 다시 고쳐 말할 수 있을까? 마지막 남은 성령을 통해 세상 악과 싸우는 더욱 보편적인 하느님과 예수를 말할 수도 있을 것이다. 그렇다면 신학 자체도 자기 변증에 안주하기보다 근본에서 더욱 철저히 달라져야 옳다. 서구의 틀 자체를 뛰어넘어 급진적으로 보편(정치)화할 필요가 있다는 말이다. 변증하는 이론 신학에만 머물 수 없다. 이미 세월호 유족들, 그중 다수 기독교인들의 경우 교회를 떠났고 십자가를 버렸다 하지 않는가? 세월호 이후 신학과 독일 정치신학이 같으나 다른 이유 역시 여기서 찾아야 할 듯싶다.

이런 물음과 더불어 이 글에서는 아우슈비츠를 겪은 독일 내 가톨릭과 개신교 핵심 신학자들 20여 명이 모여 논의했던『아우슈비츠 이후의 기독교 신학(*Christologie nach Auschwiz*)』의 내용 중 일부를 발췌, 소개하려 한다. 위의 책은 가톨릭 신학자 피터스(R. R. Peters)가, 책 제목이 말하듯 주제에 관한 자신의 입장을 발표하고 그에 대해 학자들이 저마다 자신들의 신학적 의견을 개진, 첨가하여 아우슈비츠 이후 신학의 교집합을 모색하려 한 것이다.

이 글에서 필자는 피터스가 제시한 기독론 명제 10개를 차례로 소개하고 그것을 가능한 대로 세월호 참사의 실상과 견줘 사견을 첨가하는 방식으로 정리할 것이다. 이런 과정을 통해 우리 역시 세월호 참사(학살) 이후의 신학에 대한 아주 기본적인 명제를 생각할 수 있을 것이며 그것을 골자로 우리의 과제를 완수할 수 있을 것이다.

첫 번째 명제는 기억(과거) 속에 묻힐 뻔했던 아우슈비츠 진실을 세상에 알린 엘리 비젤(Elie Wiesel)의 말로 시작한다. 아우슈비츠에서 유대인을 학살했으나 정작 죽은 것은 기독교였다고 말이다. 유대인 대학살이 정작 기독교의 죽음을 초래했다는 것은 실로 충격적인 말이었다. 실제로 신앙 유무를 떠나서 세월호 유족들 마음속에서 기독교가 너무도 하찮은 종교가 되어버린 것처럼 말이다.

피터스는 아우슈비츠 이후 신학(기독론)은 우선적으로 유대인과의 공속 속에서 이뤄져야 할 것을 강조한다. 가해자의 입장에서 피해자에 대한 사죄의 차원에서이다. 우리 경우로 바꿔 말하면 세월호 유족들, 이 땅의 약자, 뭇 예외자들, 언제든 또 다른 위험 속에 처할 수밖에 없는 이들과의 결속이 그 어느 때보다 중요해진 것이다. 지금껏 가해자의 편에 서 그들 문제(구원) 해결에 급급했던 기독교가 이제는 약자, 피해자의 편에서 정의를 말해야 한다는 것이다.

첫 번째 명제는 분명 가해자를 위한 신학에서 피해자를 위한 신학으로 관점을 전환시켰다. 하지만 이를 더욱 명확하게 성사시키려면 종교개혁의 원리인 칭의(稱義)를 정의로 해석해야 한다. 자본주의 폐해가 극에 이른 정황에서 로마서를 다시 읽자는 말이고 개인적·종교적 차원의 기독교를 공적으로 정치화해야 한다는 말이기도 할 것이다.

두 번째 명제에서는 아우슈비츠 이후 신학이 종래의 반유대주의를 벗을 뿐 아니라 기독교 전통 속의 유대적 요소를 적극 인정하고 그것이 기독교의 출처이자 근원인 것을 숙지할 것을 철저하게 요구했다. 기독론 역시 유대적 전통 속에서 재정립되어야 한다는 것이다. 반유대주의 정조하에 그간 철저히 부정했던 유대교가 정작 기독교의 존재 근거라는 사실을 인정한 것이다.

이를 세월호 참사와 연관시킨다면 가난한 자와의 유대, 나아가 예외를 사랑하고 스스로 예외자가 되는 길을 택하는 것이 기독교 정통성을 지키는 길이란 사실이다. 이 땅을 밟았던 교종은 가난한 이들을 기억하는 것이 기독교 정통성의 기준이라 강조했다. 무관심의 세계화가 자본주의적 현실인 정황에서 예외자들과의 공속관계가 세월호 이후 신학, 기독교적 실존이 되어야 할 것이다. 기독교란 본래 주류에 안주하지 않고 지속적으로, 보편적으로 예외적 사건을 발생시키는 종교란 사실이다.

세 번째 명제에서는 지금껏 유대인을 배제해온 종래의 서구 기독론 자체가 정치적으로 책임을 면하기 어렵다는 것을 명시했다. 서구 기독론이 반유대주의를 부추긴 정치적 원리였다는 사실이다. 유대인들에게 어떤 공간과 여백을 허용치 않은 절대성의 범주로서 기독론을 형성했던 것에 대한 정치적 반성이었다. 한마디로 예수를 죽인 유대인들을 저주하는 것이 배타(절대)성을 지닌 기독론의 핵심이었다는 것이다. 그리스도가 모든 것을 완성, 성취했기에 이스라엘 민족과 하느님이 맺은 계약이 무가치해졌고 결국 유대인 존재를 부정할 수 있었다.

이처럼 긴 세월 동안 반유대주의는 기독론과 동전의 양면처럼 함께 했다. 이 점에서 아우슈비츠 이후 기독론은 반유대주의를 벗고 오히려 반유대주의에 맞선 정치적 투쟁에 앞장설 것을 요구했다.

세월호 신학의 관점에서 이 명제는 다음 두 측면에서 생각할 수 있겠다. 이 땅의 종교문화들에 대한 배타적 절대성 요구의 재고와 함께 자본주의와의 싸움이다. 이 땅의 종교성과 민중성이라는 요단강에 서구 기독론이 세례를 받아야 한다는 뜻으로 읽혀도 좋을 법하다. 타락한 자본의 힘에 희생된 세월호 희생자들을 죄 없는 이의 죽음이라 한다면 기독교는 이제 자본주의와의 투쟁을 위해서라도 유아독존적인 절대성을 벗고 그 틀 밖에 다시 머물기 위한 자신의 해체를 감수해야 옳다.

네 번째 명제는 따라서 기독론이란 결국 근원적으로 이스라엘의 하느님을 거부하는 것이 아니라 오히려 그를 더욱 명확하게 하는 일과 다를 수 없다. 피터스는 이 점이 아우슈비츠 이후 기독론의 핵심이 될 것을 강조하였다. 본 명제는 세월호 이후 신학을 위해 이 땅의 민중성과 종교성의 본질을 더욱 각인시킨다. 세월호 이후 기독론은 더욱 철저하게 이 땅의 종교문화와 가난의 토양에서 재구성되어야 옳다는 것이다. 이 땅의 종교문화와 이곳의 가난한 이와 공속관계에 있지 못한 기독교 신학은 더 이상 우리 시대에 적합지 않다.

다섯 번째 명제에서는 이스라엘의 하느님을 명백히 하는 것이라는 앞선 네 번째 명제를 부언한다. 즉 이스라엘의 하느님이란 본래 작은 자, 약자들과 함께하는 아래로의 연대에 익숙한 분이란 말이다. 낮은 곳을 지향하는 하느님의 경향성을 철저화한 것이 바로 기독론인 것을 적시한 것이다. 익히 알 듯 이스라엘의 하느님은 가난한 자에게 아주 근접해 있고 작은 자들 편에 서 있으나 그는 결코 그들과 같은 존재로서 인간화될 수는 없다. 이 점에서 기독교는 하느님이 바로 그런 인간이 되었다고 말함으로써 유대교를 철저화했다. 이로써 기독교는 유대교와 비슷하나 철저함에 있어 같을 수 없게 되었다. 하느님이 바로 그토록 작은 인간이 되었다고 믿는 까닭이다.

이런 기독교적 철저성은 세월호 이후 신학의 급진성을 보장할 수 있다. 전태일의 죽음, 세월호 아이들의 죽음이 하느님의 죽음이자 예수의 죽음과 다르지 않게 되었기 때문이다. 이제 우리에겐 그들의 이름을 기억하는 일만이 남아 있다. 이에 더하여 우리는 그들의 이름으로 기도할 수도 있을 것이다. 하느님과 예수가 죽은 현실에서 말이다. 이제 자신들 속의 신적 씨앗에 터해 더욱 보편적으로 이들을 죽게 한 현실과 맞서는 일, 이를 성령론적 지평에서 확대 해석할 수 있어야 할 것이다.

여섯 번째 명제에서는 그럼에도 불구하고 유대적 사유형식의 중요성을 재차 환기한다. 추상적인 사유 틀로서가 아니라 이야기를 중시하는 유대적 종교성을 강조하려는 것이다. 서구 기독론을 지배했던 압도적인 희랍적 본질 개념과는 다른 방식으로 하느님의 거주 내지 하느님의 인간됨에 대해 말하는 유대교를 새롭게 성찰했다. 그동안 희랍적 개념 틀하에서 설명된 그리스도 안에서의 신적 속성과 인간 본성의 혼합(섞여짐)이라는 것, 혹은 한 인격 안에서 나뉠 수도 하나일 수도 없다는 말이 과연 무엇을 뜻하는지를 되물어야 한다는 것이다.

여기서 중요한 것이 변증적 역설이다. 변증적 역설을 앞세워 아우슈비츠 이후 기독론은 그리스도의 본질을 하느님의 아들로서 이해할 것을 요구한다. 이때 비로소 양자를 동일시하는 희랍적 사유나 분리하는 유대적 사유를 넘어설 수 있다는 것이다. 이렇듯 그리스도를 '하느님 아들'로 보는 유대적 사유가 아우슈비츠 이후 신학(기독론) 속에서 재평가되고 있다. 하느님 아들로서 예수 이해는 한때 이단으로 여겨진 적도 있었음에도 말이다.

필자의 시각에서 유대적 사유는 이 땅의 유교적 사유와 닮아 있다. 유교문화권에서 자식은 부모의 미래이자 내세이다. 자식의 죽음은 부모의 미래를 빼앗는 일이다. 그래서 자식 잃은 세월호 유족은 자신들 일상을 바쳐 사실을 밝혀 진실을 찾고자 했다. 물론 변증적 역설을 말하는 아우슈비츠 이후 신학은 유교적 사유와 많이 다를 것이다.

아우슈비츠 이후 신학은 하느님의 죽음 이후에도 예수를 다시금 변증법적으로 불러낼 수 있기 때문이다.

하지만 아우슈비츠 이후 기독론이 하느님의 아픔과 고통을 더욱 여실히 말할 목적이었다면 좀 더 급진화되었어야 했다. 아들의 죽음은 그 자체로 아비의 죽음일 수밖에 없다. 아버지 안에서 아들의 죽음을 말하는 방식으로 아버지(神)의 생존을 증거하는 것은 이 처절한 참사 한가운데서는 여전히 사변일 뿐이다.

다석(多夕)학파에서 비롯한 '씨알 예수론' 혹은 '민중 예수론'은 이런 사변을 넘을 수 있다. 대참사(학살)를 기억하며 그의 재발을 막고 유족 곁에 서 있는 방식으로만 우리는 신(神)을 도울 수 있다. 아무것도 할 수 없을 만큼 연약해진 신을 돕는 방식으로 우리 각자가 세월호 참사 한가운데 존재할 일이다. 하느님은 유족들 곁에 서 있는 사람의 얼굴을 통해서 드러난다. 성령의 역사라 일컫는 하늘씨앗으로서의 생리(生理)가 있는 탓에 우리 모두 그들 '곁'이 될 수 있는 것이다.

일곱 번째 명제는 아우슈비츠와 같은 상황이 설령 다시 반복될 경우라도 생각하기를 그칠 수 없다는 사유(철학)에 대한 강조이다. 파스칼처럼 신앙과 철학(사유)을 나누고 대립시키는 것이 문제 해결일 수 없다는 말이다. 아우슈비츠의 곤경 속에서도 인간성은 양육되어야 하고 신학적 사유 역시 더욱 강해져야만 한다는 사실이다.

세월호 이후 신학에서도 이는 강조될 부분이다. 유족들 중에는 감당키 어려운 고통 탓에 소위 천국 신앙으로 도피코자 하는 이들도 적지 않았다. 현실의 한(恨)을 내세가 보장할 것이라 믿고 현실 고통을 잠재우려 한 것이다. 이는 심정적으로 이해되나 약이 아니라 독이 될 수 있는 처방이자 신앙의 일시적 약발일 것이다.

그렇기에 세월호 이후 교회 역시도 믿음의 장(場)으로서만이 아니라 배움과 학습의 장으로 거듭나야 옳다. 현실을 우리들 각자가 진정으로 원하는 형태로 만들기 위한 본격적 투쟁을 시작해야 한다는 말이기도 하다. 함께 모여 학습하고 운동하며 삶과 세상을 바꾸는 일이 신앙의 새 차원이어야 할 것이다.

여덟 번째 명제에서는 앞서 언급한 철학(사유)의 중요성과 그 의미를 재차 강조한다. 하지만 사유를 중시한다는 것이 아우슈비츠와 같은 고통을 이해할 수 있다는 것을 뜻하지 않는다. 이번 참사가 논리적으로 체계화할 수 있는 내용을 넘어서는 탓이다. 여기서 말하는 사유란 유대적 지평에서 샘솟는 '메시아적' 지혜라 생각하면 좋을 듯싶다. 이 경우 중요한 인물로 베냐민, 레비나스, 아도르노 그리고 데리다와 같은 유대적 사상가들이 거론된다. 이들은 오늘날 주로 좌파 신학자들 반열에 서 있는 사상가들이다. 대재난을 이해하고 설명할 수 있는 철학(사유) 일반은 없다고 하면서 말이다. 이 점에서 우리는 유대적 토양에서 비롯한 메시아적 사유(지혜)를 더욱 습득할 필요가 있다.

하지만 고통을 이해하고 수용하는 종교적 사유(지혜)가 어디 유대교 토양에서만 있겠는가? 세월호 이후 신학을 위해 이 땅의 신학자들 역시 서구 신학이 유대교로 돌아가듯 동양 종교들의 지혜와 더 여실하게 만날 준비를 해야만 할 것이다. 인간의 본질에 속하는 知情意를 각기 과학, 종교 철학으로 나눠 발전시킨 서양과 달리 이 모두를 하나로 품은 동양의 지혜들 역시 신앙과 사유를 분리시킴 없이 대재난에 마주하게 도울 수 있을 것이다.

아홉 번째 명제는 앞선 주제를 더욱 철저화한다. 아우슈비츠 비극은 기독론을 갖고서도 충분히 해명할 수 없을 만큼 비극적이란 것이다. 하느님이 아우슈비츠에서 십자가에 달렸고 가스실에서 죽은 탓이다. 그렇기에 아우슈비츠 경험은 기독론적으로 이해하고 의미를 부여하고 논리화하는 것 대신에, 희생자를 위해서 아우슈비츠라는 사건이 '그리스도 안'에서 지속적으로 자리 매김 되어야 함을 강조했다. 한마디로 기억하라는 것이다.

세월호 이후 신학도 세월호 참사(학살)에 대한 기억에서부터 출발해야 정당하다. 기억하려는 자와 기억을 지우려는 자들 간의 본격적 진리 싸움이 시작된 것을 숙지할 일이다. 어떤 온전한 답도 불가하다. 기억을 통해서만 약속이 가능하고 죽은 자의 부활을 기대할 수 있을 뿐이다.

마지막 열 번째 명제로 아우슈비츠 신학은 예수 십자가를 목도하며 절망과 좌절에 빠졌던 제자들이 부활 경험을 통해 전적으로 삶의 방향을 달리 했던 사실을 환기시킨다. 그 경험을 통해 십자가 현장을 떠났던 제자들이 모두 예수의 추종자(Nachfolger)들이 되었다는 말이다. 이는 그들이 궁극적으로 예수가 걸었던 길을 갔다는 것, 즉 십자가를 졌다는 것을 의미한다. 한마디로 아우슈비츠 이후 신학은 더 이상 이론적이지 않고 실천적이란 사실이다. 아우슈비츠 이후 신학은 이론신학이 될 수 없고 실천, 곧 정행(正行)의 신학이 되어야 한다는 것이다. 자신의 삶을 십자가의 길로 방향을 정한 존재들이 바로 예수의 제자들이고 그와 동시성을 살아낸 사람들이며 부활 경험의 실상이란 말이다.

세월호 이후 신학 역시 기독교인들에게 예수를 죽인 마성적 힘들 앞에 맞서도록 기독교인들을 불러낼 것이다. 어느덧 세월호처럼 온갖 모순을 지닌 교회, 그 속에 머물지 말고 벗어날 것을 요구하며 영적 세속성을 촉발하는 자본주의 체제는 물론 인간 자유를 억압하며 기득권자로 변질된 교회권력에 맞서라 할 것이다. 이런 실천적 부름 앞에 정직해지는 것이 세월호 이후 이 땅의 신학자로 사는 삶의 방식이라 믿는다.

3부

신은 죽었다,
나의 내면의 신은
이렇게 말한다

이은선

세월호 참사와 한국 교회 그리고 정치

이리하여 예언자 예레미야를 시켜서 하신 말씀이 이루어졌다.

"라마에서 소리가 들려 왔다.

라헬이 자식들을 잃고 우는데,

자식들이 없어졌으므로,

위로를 받으려 하지 않았다."(마태복음 2:17-18)

1. 2014년 4월 16일 세월호 사태는 대한민국 근현대사에서 그 이전과 이후를 나누는 결정적 사건의 하나가 될 것임이 분명하다. 6·25 사변과 견주어지기도 하고, 1981년 5·18 광주항쟁과 더불어 이야기되기도 한다. 더군다나 한국 교회는 바로 작년 가을 부산에서 제10차 세계교회협의회 총회를 막 마친 뒤이고, 총회 주제가 '생명의

하나님, 우리를 정의와 평화로 이끄소서!'(God of life, lead us to justice and peace!)였던 것을 생각해보면 더욱 어이가 없고 몸 둘 바를 모르겠다.

2. 우리 국민은 근세에 나라를 잃어버린 경험도 있고, 지금도 민족 분단으로 고통을 겪고 있는 터이기 때문에 국가의 존위 자체에 대한 물음은 잘 던지지 않는다. 하지만 이번 참사를 통해서 나와 우리의 생명이 적나라하게 위기에 빠졌을 때 그 국가가 온갖 허위와 무책임으로 우리 생명의 지지대가 되어주지 못하는 것을 보면서 그 국가에 대해서 근본적으로 다시 묻게 된다. 또한 이번처럼 적나라하게 정치가 속속들이 개인 이기주의의 수단이 되고, 뼛속까지 관료주의의 교만과 무감각, 무책임과 무능력으로 점철되어 있는 것을 보면서 더 진지하게 보편적으로 한국 정치의 부패와 실종, 나아감에 대해서 묻게 되었다.

3. 세월호 참사의 핵심 원인들을 찾는 성찰과 분석이 여러 차원과 각 방향에서 행해지고 있다. 하지만 나는 우선 CEO 출신 이명박 정부 시절부터 그 마성을 더욱 드러낸 한국 신자유주의 정치와 경제의 제국주의적 성장주의가 그 누적된 부자연(不自然)과 불의(不義)를 절망적으로 표출한 사건이라고 보고자 한다.

인류 역사에서 19세기 서구 제국주의는 자신들의 자본주의 생산을 무한정으로 늘리기 위해서 자국의 정치를 그 시녀로 만들면서 전 세계를 대상으로 식민주의 약탈을 펼쳐나갔다. 오늘 세월호 참사에서 그와 유사한 21세기형 제국주의의 무한 팽창주의와 거기서의 정치와 경제의 불의한 합병을 목도한다.

4. 서구 근대 물질주의의 두 쌍인 자본주의와 사회주의를 모두 겸은 러시아의 사상가 베르쟈예프(N. Berdyev, 1874-1948)는 '돈'과 '자아'에 대한 노예성인 근대 부르주아의 노예성이 얼마나 치명적이고 보편적인가를 잘 밝혀주었다. 그것은 이 세상에 깊이 뿌리를 박고서 이 세상에 만족하는 지상의 왕의 노예성으로서 거기서의 종교의 질은 그러므로 "이 세상의 조직에 헌신하는 봉사, 이 세상에서의 그의 지위의 보존에 대한 봉사"에 의해서 측정된다.[1] 오늘 한국 기독인들의 의식세계를 이보다 더 잘 묘사해주는 서술은 없을 것이다.

그동안 한국 사회 부르주아적 자본주의의 병폐와 실상을 세차게 비판해온 한국학 학자 박노자는 이번 세월호 참사를 목도하면서 "정부가 해운업 감독 책임을 방기하고, 기업은 이윤을 위해 고객과 노동자 생명을 볼모로 잡는다면 이는 사고가 아니다. 살인이다"라고 일갈했다. 오늘 대한민국처럼 그 국가의 구호가 '기업하기 좋은 나라'가 된 나라에서 가장 두드러진 것은 공공성의 부재이고, 인간은 한갓 기업의 부품이거나 폐품인데, 그래서 이미 폐품이 된 노인이거나 아직 "쓸 만한 부품"이 되지 못한 아이들과 청소년들의 비참이 크다.

5. 그러나 그러한 가운데서도 우리는 다시 "정치의 약속"(the

---

1) N. 베르쟈예프, 이신 역, 『노예냐 자유냐』(도서출판 인간, 1979), 249쪽. 이 책은 곧 도서출판 늘봄에서 재출간된다.

promise of politics)을 외치는 소리를 듣는다. 왜냐하면 말과 행위로 "다른 사람과 더불어 같이 행위하는"(acting in concert) 정치가 사라진 사회에서는 폭력과 테러리즘의 유혹이 더욱 난무할 것임이 틀림없기 때문이다. 그 소리는 오직 고립된 개인들만이 완벽하게 지배하고 조정할 수 있다고 지시한다. 즉 고립이 테러의 시작이고, 그 고립이 '무력'(impotence)을 낳고, 무력이 '공포'와 '두려움'(fear)을 낳기 때문에 모든 독재 정부는 사람들을 고립시키는 일을 제일의 과제로 삼는다는 것이다.[2]

6. 오늘 우리의 언어로 이야기하면 개인의 원자화이고, 뿌리 뽑힘이며, 믿음과 신뢰의 상실인데, 아무도 믿지 못하고 아무와도 더불어 같이 행동할 수 있다고 생각하지 못하기 때문에 사람들은 거기서 절망하고, 자살하고, 폭력을 행하고, 말과 행위가 인간적이 되기보다는 점점 더 사라지거나 파괴적이 되어간다. 곧 정치의 실종이고, 이 정치의 실종은 이렇게 근원적으로 믿음과 신앙의 실종과 밀접하게 연결되어 있는 것이 다시 한번 잘 드러났다.

그런 의미에서 오늘의 세월호 사태에서 종교인들의 책임이 지대하다는 것은 명약관화하고, 그것은 믿음과 연대, 신앙의 상실의 시대에 종교인들조차 믿음과 신뢰의 그루터기가 되어주지 못했고, 그에 더해서 그들 스스로가 믿음과 약속의 파기를 일삼아왔기 때문이다.

---

2) 한나 아렌트, 박미애·이진우 옮김, 『전체주의의 기원』 1, 2 (한길사, 2006).

7. 이렇게 말과 행위로 다른 사람과 더불어 같이 행위하는 정치가 사라진 사회에서 고립된 인간은 항상 자기 자신 속에서 추론하고, 최악의 경우만을 생각한다. 극단적인 외로움 속에서 믿을 수 있는 동료나 이웃이 없고, 심지어는 자기분열 속에 빠져서 자기 스스로도 믿지 못하는 것이 정치가 사라진 사회의 비극이다. 오늘 '소유공화국'과 '기업국가'로 전락한 한국 사회에서 나 자신뿐 아니라 주변과 정치 지도자, 대통령의 모습에서까지 이런 흔적들을 보게 되어서 염려가 크다.

8. 20세기 여성정치철학자 한나 아렌트에 따르면 그럼에도 불구하고 인간 존재성의 핵심은 '새로 시작하는 힘'이다. 그녀는 아우구스티누스의 언술을 따라서,

"시작이 있기 위해서 인간이 창조되었다. … 이 시작은 모든 새로운 탄생을 통해서 보증된다. 참으로 모든 인간이 시작이다."

라고 선언하며 인간 피조성의 핵심이 말과 행위로써 인간세계에 참여하여 새로 시작할 수 있는 힘이라고 지적했다. 이 새로 시작하는 힘이야말로 우리 신뢰와 행위의 근거이다. 그것은 세계의 모든 현상적인 악과 한계에도 불구하고 절망하거나 포기하지 않고, 두려움을 극복하면서 다시 시작할 수 있는 용기와 정치의 근거가 되고, 우리 소망과 신뢰의 그루터기가 된다. 그리하여 오늘 세월호의 참사 앞에서 모두가 절망하여서 잊고 있었고, 믿을 수 없게 된 우리 존재의

'탄생성'과 그의 '새로 시작할 수 있는 힘'에 대한 상기와 믿음을 우리
는 다시 강조하고자 한다.

9. 우리 시대의 보편적 위험을 말하며 "자신 고유의 신"(der ei-
gene Gott)을 지시하는 울리히 벡에 따르면, "근본주의란 아프기
싫어서 도망가는 것"이다.3) 즉 근본주의란 지금까지의 자신에게 익
숙했던 신조와 생활 조건과는 다른 새로움과 다름과 마주하여서 그
것을 새롭게 만나고, 참고 관용하면서 새로운 관계를 맺어나가는
일이 괴롭고 싫어서 도망가는 일이라는 지적이다. 안정만을 외치면
서, 이 세상의 모든 성공과 저 세상에서의 영생까지도 여기서 보장받
으려는 한국 기독교의 뿌리 깊은 보수주의와 근본주의가 변해야 하
는 이유이다. 그래서 이번 세월호 참사를 통해서 가만히 있지 않고
정치적 행위로 나온 한 주부 크리스천의 카카오톡 프로필에 적혀
있다는 단테의 말,

  "지옥의 가장 뜨거운 자리는 도덕적 위기의 시기에 중립을 지킨
  자들에게 예약되어 있다."

는 글귀는 우리에게도 큰 경종이 된다.

---

3) 울리히 벡, 홍찬숙 옮김, 『자기만의 신』(도서출판 길, 2013), 106쪽.

세월호 아이들을 생각하며
신효순, 심미선 양을 기린다

1. 오늘 우리 주변에 죽음이 만연해 있습니다. 우리 감각의 현실적 삶에서도 그렇고, 과거의 기억의 세계에도 그러하며, 또한 요사이 더한층 우리 삶에 가까이 들어와 있는 드라마와 게임과 상상적 놀이의 미래적 삶에서도 그렇습니다. 그래서 우리는 어느 사이 죽음에 무뎌지게 되었고, 그 죽음에 무뎌지니 우리 삶이 그토록 추구하고 얻고자 하는 생과 행복과 즐거움도 함께 시들해졌습니다. 우리가 다 죽어가고 있는 것입니다.

2. 많이 부끄럽고 죄송스러운 이야기이지만 지금까지 저에게 효순 양과 미선 양의 죽음은 거의 그와 같은 수준이었습니다. 2002년 온 나라가 월드컵 축구의 열기로 뜨거웠을 때 그 일이 있었고, 참으로 안타깝고 억울한 일이라고 생각했지만 저에게 그 죽음은 더 이상

크게 다가오지 못했습니다. 평소 존경하는 박상희 목사님이 두 소녀의 죽음을 추모하는 일을 계속하신다는 이야기를 들었지만 저의 마음이 거기에까지 닿지 못했고, 그래서 오늘 한없는 부끄러운 마음으로 섰습니다.

3. 그런 가운데 오늘의 이 일을 위해서 미선 양과 효순 양의 죽음을 다시 생각해보면서 제일 먼저 떠오른 생각은 일찍이 함석헌 선생님이 하신 말씀이었습니다. 그는 우리 민족은 예전부터 사람의 이름에 善이나 順, 孝, 誠 등을 많이 써왔고, 그 일은 바로 우리 민족의 오래된 '착함'의 성격을 드러내주는 일이라고 하였습니다. 그런데 바로 미선 양과 효순 양의 이름을 다시 새겨보니 그 이름이야말로 — 제가 그 한자를 분명히 확인하지 않아서 혹시 아닐 수도 있겠으나 — 다른 어떤 이름보다도 그 특성을 잘 간직하고 있는 것이 보입니다.

4. 그런 착함과 선함, 인간성의 오랜 소망과 체현인 두 여중생의 죽음에 대해 대극으로 서 있는 것은 거대한 세계 최강의 제국이었고, 남성 어른이었으며, 일상과 생일축하라는 생명성의 기쁨에 대한 군대와 전쟁 연습과 장갑차였습니다. 이보다 더 극한 대극과 대립이 어디 있겠으며, 그래서 일종의 희극과도 같은 대극 앞에서 왜 이 땅에 그러한 대극이 있었어야 하며, 또한 오늘도 여전히 그치지 않는 것일까 하고 묻게 됩니다. 미선 양과 효순 양의 생명과 일상과 즐거움과 천진난만의 착함은 그렇게 믿기 어려운, 현실 같지 않은, 그래서 한편으로 멍해지기도 하고, 한편으로는 어이없는 웃음이 나오게도 하

는 그런 죽임을 당했습니다.

5. 이런 극한 대극 때문이었을까요? 미선 양과 효순 양의 죽음은 12년이 흐른 오늘에도 결코 약해지지 않고 오히려 점점 더 강해져만 가는, 그래서 우리 삶을 통째로 위협하는 거대한 죽임의 세력에 대한 '촛불'이 켜지게 되는 계기가 되었다는 것입니다. 그동안 그 기적으로 그나마 한국 사회의 숨통이 완전히 막히지는 않은 것 같습니다. 하늘은 그 두 소녀의 착함으로 여전히 노여움을 참고 계신지도 모르겠습니다.

6. 지난 12년 동안 한국 사회에는 거대한 제국과, 그 제국주의 군대와 장갑차의 힘에 편승해서 자국민조차도 식민지로 삼는 정부와, 그것을 하늘의 뜻으로 미화하고 상승시키면서 축복을 비는 종교와, 모든 것 중의 모든 것을 돈으로 치부하는 경제가 야합하여서 숱한 죽임과 죽음을 불러왔습니다. 바로 지난 4월 16일에 일어났던 세월호 참사는 미선 양과 효순 양의 경우와 같은 대극적 형태의 죽음이 이 땅에서 결코 그친 것이 아니라는 것을 웅변해줍니다.

7. 이번에도 어린 학생들이었습니다. 이번에는 친구 생일파티 대신에 수학여행이라는 기쁨 앞에 들떠서 한없이 순수해지고, 착해지고, 서로 배려하는 인간성을 한껏 베풀며 즐거워하던 아이들의 일상에 대한 거대한 함선이었습니다. 해경이었습니다. 이익과 편당과 권력에 찌든 힘센 어른들의 정치와 경제, 종교와 언론이었습니다. 일상

의 걷는 길보다는 군대와 장갑차가 더 우선이고, 신뢰와 기쁨보다는 싸움과 긴장을 강조하면서 거기서 얻어지는 독점적 이익을 위해 반생명의 화신이 되어버린 어른들의 학살이었습니다.

8. '한 사회의 품격과 인간성은 죽은 이들을 대하는 태도에서 드러난다. 그들을 대하는 태도가 곧 살아 있는 사람들을 어떻게 생각하는지 보여준다.' 여기 아주 미약한 두 소녀의 죽음을 잊지 않고 지금도 기억하며 그 의미와 씨름하는 참으로 인간적인 품격의 사람들이 있습니다. 그들은 그 일을 통해서 우리 시대에 절망하면서 흩어지는 사람들을 다시 어우르고, 시대와 사회의 꺼져가는 생명의 불씨를 촛불의 기적으로 다시 살려냈습니다. 그래서 그들은 '어두운 시대의 (빛의) 사람들'(men in dark times)입니다.

9. 거대한 제국의 '가만히 있으라'는 테러 앞에서 민중과 다중의 작지만 '무수한 촛불'(聖의 다양성)과 아무리 억누르고 제거하려고 해도 다시 일어서는 촛불 생명의 '자발성'(性의 자발성), 그 억누르는 죽임의 폭력과 테러가 강할지라도 생명과 정의와 평화의 뜻이 실현될 때까지 그냥 주저앉지 않는 생명 촛불의 '지속성'(誠의 지속성과 일상성)이 그래서 오늘도 우리 신뢰의 그루터기가 됩니다. 그 그루터기에서 어떤 거대한 제국이라도, 아무리 철저히 가리고 속이는 거짓과 불의도 결국은 물리쳐질 수 있다는 작은 희망의 싹이 돋아납니다. 그 일을 위해서 지금까지 애써 오신 여러분들의 수고에 깊이 머리 숙여 감사합니다. 이번 세월호 참사는 우리 모두를 보다 강력하

게 그와 같은 인간적인 일에로 부르고, 그러한 함께 함을 통해서만이
우리 사회의 야만과 폭력을 줄일 수 있다는 것을 지시합니다.

라마, 베들레헴, 안산
- 세월호 참사와 생명의 연속성 -

"나 주가 이렇게 말한다.

라마에서 슬픈 소리가 들린다.

비통하게 울부짖는 소리가 들린다.

라헬이 자식을 잃고 울고 있다.

자식들이 없어졌으니,

위로를 받기조차 거절하는구나."(예레미야 31:15)

"헤롯은 박사들에게 속은 것을 알고, 몹시 노하였다. 그는 사람을
보내어, 그 박사들에게 알아본 때를 기준으로, 베들레헴과 그 가까운
온 지역에 사는, 두 살짜리로부터 그 아래의 사내아이를 모조리 죽였
다. 이리하여 예언자 예레미야를 시켜서 하신 말씀이 이루어졌다. '라
마에서 소리가 들려 왔다. 울부짖으며, 크게 애곡하는 소리다. 라헬이
자식들을 잃고 우는데, 자식들이 없어졌으므로, 위로를 받으려 하지
않았다.'"(마태복음 2:16-18)

1. 오늘 먼저 읽은 성경 말씀은 예레미야 31장 15절의 말씀입니다. 보통 눈물의 예언자라고 불리는 예레미야는 이스라엘이 남북으로 나뉘어져 서로 심각하게 갈등하고 있던 시절, 유다 요시야 왕 13년(B.C. 627)부터 시드기야 왕 때까지 40여 년간 활동했던 예언자입니다. 남왕조 유다의 예루살렘은 B.C. 586년에 바빌론에게 완전히 멸망되었는데, 여기서 나오는 라마는 베들레헴 근처 야곱의 아내인 라헬의 무덤이 있는 곳으로 바벨론이 유다 백성들을 자기 나라로 포로로 끌고 갈 때 그들을 거기에 집결시켜 갔다고 합니다.

2. 그런데 여러분도 잘 알다시피 이 성경 구절이 거의 6백여 년 후 신약성경 예수 탄생의 설화를 이야기하는 첫 장면에 다시 등장합니다. 마태복음 2장 16-18절을 읽어보면, "헤롯은 박사들에게 속은 것을 알고, 몹시 노하였다. 그는 사람을 보내어, 그 박사들에게 알아본 때를 기준으로, 베들레헴과 그 가까운 온 지역에 사는, 두 살짜리로부터 그 아래의 사내아이를 모조리 죽였다. 이리하여 예언자 예레미야를 시켜서 하신 말씀이 이루어졌다. 라마에서 소리가 들려 왔다. 울부짖으며, 크게 애곡하는 소리다. 라헬이 자식들을 잃고 우는데, 자식들이 없어졌으므로, 위로를 받으려 하지 않았다."고 적으면서 예수의 탄생 시기에 다시 한번 자식들을 잃은 여인들의 울부짖음이 베들레헴에서 크게 울렸던 것을 전해줍니다.

3. 이렇게 민중의 자식은 구약 때도 그랬고 다시 신약의 시대에 들어서도 정치와 위정자들의 불의와 잘못으로 수난을 당합니다. 예

수가 태어날 당시 로마의 식민지였던 유대 땅은 헤롯 왕이 다스리고 있었는데(B.C. 37-4), 친로마 정책의 폭군이었던 그는 자신의 정권 유지를 위해서 이 정도로 잔인하고 비인간적으로 수많은 아이들을 죽이는 일을 서슴없이 자행했습니다.

4. 그런데 오늘 21세기를 한국에서 살고 있는 우리가 그와 유사한 일을 다시 겪습니다. 이번 세월호 참사를 통해서 3백여 명 안산의 아이들이 진도 앞바다에서 수장되는 것을 보면서 그러한 일의 반복성에 치를 떱니다. 그 앞에서 무슨 말을 할 수 있겠습니까? 어떤 말로 위로가 되겠습니까? 그래서 예전 이스라엘 라마의 여인들이 자식들을 잃고서 위로받기를 거절한 것처럼 오늘 한국의 안산에서 어머니들이 위로받기를 거절하고 있습니다.

5. 그러나 그 가운데서도 우리에게 또렷이 떠오르는 현실과 사실이 있습니다. 그것은 부인하려야 할 수 없는, 불의의 반복이긴 하지만, 그래서 받아들이고 싶지 않지만, 그런 사건이 반복된다는 것, 라마에도 있었고, 베들레헴에도 있었으며, 그 후 2천여 년이 지난 안산에도 일어나는 것처럼 반복된다는 것입니다. 그리고 그 반복 가운데서도 우리 삶이 계속된다는 것, 즉 시간과 역사는 흐르고 있으며, 그래서 우리는 온갖 '그럼에도 불구하고' '생명의 영속성'이라는 엄연한 사실 앞에 선다는 것입니다. 그렇게 지속되는 삶과 생명의 연속성을 우리는 부인할 수 없습니다.

6. 사실 참사가 있기 전까지 우리는 생명의 영속성과 역사에 대해서 그렇게 심각하게 생각하며 살지 않았습니다. 우리 모두는 우리의 현재가 지속되는 한 이 세계가 계속될 것만 같다는 생각으로 살아왔고, 나의 현재가 있는 한, 내 아이들이 눈앞에 있는 한, 내가 내 소망과 원함을 위해서 열심히 일하고, 모으고, 기대할 수 있는 한 세상은 계속될 것으로 여기고 살아왔습니다. 하지만 오늘 우리는 그것이 단번에 깨지는 경험을 합니다. 우리 아이들이 단숨에 사라지는 극한을 겪습니다. 그러면서도 바로 나와 우리가 아니래도, 내 아이가 사라져도 그래도, 세상은 계속되고 있으며, 그래서 이 세상과 생명의 연속성은 단지 나에 의해서, 우리가 바라는 대로 유지되는 것이 아니라는 더 냉혹한 현실 앞에 섭니다.

7. 지금까지 우리의 삶은 부르주아 계급의 노예로서 자아와 돈에 사로잡혀 있었습니다. 그렇게 현재의 종인 우리는 과거나 영원에 별로 관심을 갖지 않았고, 나와 우리 가족의 현재에만 사로잡혀 있었습니다. 그렇게 사는 사이 다른 사람과 함께하는, 우리 이웃과 더불어 같이 만들어가는, 그래서 나 개인의 실존을 넘어서 더 오래 남아있을 우리의 공적 영역은 심하게 훼손되었으며, 사실 오늘 우리의 비극도 그 공적 영역의 훼손과 깊이 연관되어 있는 것을 부인할 수 없습니다. 우리가 현재와 자아에 사로잡힌 모습은, 말로는 궁극을 믿는 신앙인이라고 하지만 돈과 자신, 지금 눈앞에 보이는 것에만 몰두해 있는, 그래서 '영원성'(eternity)에 대한 진정한 관심이 없는 '실질적인 무신론자'로 살아온 것을 의미합니다. 우리를 넘어서는

것에 대한 관심과 배려가 없는 것을 말합니다.

8. 상황이 이렇게 되자 요즈음 다시 '영원성'에 대해서 묻기 시작했습니다. 세월호 참사를 겪으면서, 수많은 사람들의 갑작스런 억울한 죽음을 목도하자 요사이 다시 '기억'에 대해서 많이 말하고 있으며, 그동안 중세 신앙의 진부한 이야기라고 치부했던 '천국'이나 '죽음이후의 삶'에 대해서도 새롭게 이야기하고 있습니다. 모두 의미 있는 일이라 하겠습니다.

하지만 저는 여기서 그와는 또 다른 방식의 영원성에 대한 이야기를 하고 싶습니다. 그것은 지금까지 전통적으로 교회나 신학이 이야기해온 외부의 전능한 신이 기적으로 뚝딱 보장해주는 영원성이 아니라, 오히려 그런 외부의 신은 죽었다고 선언하면서 우리 스스로가 세워가는 영원성입니다. 우리가 스스로의 삶을 내어주면서 생명의 영원성을 증거해가는 일을 말합니다. 그 구체적인 예로 한국 사회에 그렇게 많이 알려져 있지 않은, 제2차 세계대전 당시 나치의 아우슈비츠 수용소에서 또 하나의 희생자가 된 네덜란드 출신 유대인 여성 에티 힐레줌(Etty Hillesum, 1914-1943)의 삶을 들고자 합니다.

9. 그녀는 "사유하는 가슴"(das denkende Herz)이라는 제목으로 묶여진 2년여 시간(1941-1943)의 일기장을 남겼습니다. 그녀가 1943년 아우슈비츠에서 살해된 후 거의 40여 년이 지난 뒤에 발견된 그녀의 일기장에는 그러한 극악한 상황에서도 계속해서 인간적일 수 있으며, 인간성을 보이면서 창조의 선함을 스스로가 증명

하며 삶과 생명의 연속성에 대한 믿음을 온몸으로 살아낸 증거들로 채워져 있습니다. 그녀는 확실히 다가오는 죽음의 시간 앞에서 철저히 이타적일 것을 결심하고, 그것을 통해서 신의 존재 증명과 세계와 존재의 선함, 자신의 존재를 넘어서 계속되는 생명의 영속성에 대한 수용을 참으로 고유하게 보여줍니다. 그녀는 쓰기를,

"그래 좋아, 나는 사람들이 우리들을 전적으로 제거하기 원한다는 이 새로운 확실성을 받아들이겠어. 나는 지금 그것을 알아. 나는 다른 사람들에게 나의 이 불안이 결코 짐이 되지 않도록 하겠어. 다른 사람들이 우리 유대인들에게 무슨 일이 일어나고 있는지를 파악하지 못한다 하더라도 나는 결코 완악해지지 않겠어. … 나는 이 확실성과 더불어서 더 일하고 더 살 것이며, 삶이 의미 있고, '그럼에도 불구하고' 의미 있는 것을 발견하지."

"삶과 죽음, 고통과 기쁨, 나의 이 상처난 발에 생긴 기포들과 집 뒤의 자스민, 박해와 셀 수 없는 수많은 잔인함, 이 모든 것들이 내 안에서는 마치 하나의 전체처럼 있고, 나는 그것들을 모두 마치 하나인 것처럼 받아들이며, 다른 사람에게는 설명할 수 없지만 항상 점점 더 그 모든 것들이 서로 연결된다는 것을 이해하기 시작한다. 나는 나중에 한 번만이라도 그것들을 설명할 수 있기 위해서 오래 살고 싶고, 그러나 그것이 나에게 허락되지 않는다 하더라도 다른 사람이 거기서부터 나의 삶을 계속해서 살아 갈 것이다. 나의 삶이 끊어진 그곳에서부터, 그렇기 때문에 나는 할 수 있는 만큼 그렇게 선하고, 확신을

가지고 마지막 숨의 순간까지 더 살아 갈 것이며, 그래서 내 뒤에 오는
사람이 아주 완전히 새롭게 시작하지는 않아도 될 수 있게, 그래서
그렇게 힘들지 않도록 할 것이다."

10. 그렇습니다. 우리 삶은 결코 완전히 허공에서 시작하는 법은
없습니다. 모든 것을 다 부인해도 누군가 한 사람은(최소한 어머니
라도) 나 자신은 볼 수 없고 기억할 수 없는 나의 태어나는 순간을
보았을 것이고, 그것을 기억한다는 사실을 부인할 수 없습니다. 그렇
게 우리 삶은 시간과 공간의 연결과 관계 속에서 이루어지는 것인데,
우리는 마치 모든 것을 혼자서, 스스로의 능력으로 이루고 사는 것처
럼 여기면서 나와 내 가족 밖의 세계와 생명의 계속됨을 돌아보지
않았습니다. 심지어는 자기 부모와 형제조차도 잘 돌보지 않습니다.
　그래서 우리는 오늘 안산을 강타한 세월호의 비극 앞에서 지금까
지 우리 삶을 원자화하고 단세포화했던 삶의 인식과 태도에서 벗어
나고자 합니다. 내가 있기까지의 '역사'를 배우기 원하며, '이웃'과
더불어 함께 하기를(acting in concert) 원합니다. 앞으로의 시간
의 영속성에 대한 관심으로 '뒤에 오는 세대'의 안녕을 진심으로 관심
하기 원합니다.

11. 재야 사학자 이덕일은 "역사는 미래를 위한 것"이라고 했습니
다. 우리 모습이 추할 때 우리를 비추어볼 수 있는 거울이라고 했습니
다. 그런 의미에서 저는 오늘 안산을 방문하기에 앞서서 이 비극이
일어난 안산의 과거에 어떤 일들이 있었으며, 앞으로의 안산의 앞날

을 상상해보고 싶어졌습니다. 두 가지가 먼저 떠올랐습니다.

첫째, 안산은 1930년대 일제 강점기의 농촌계몽소설 심훈의 『상록수』가 실제 모델로 삼았던 최용신의 실험이 있었던 곳이라는 것입니다. 그녀는 1931년 협성여자신학교(지금의 감리교신학대학)을 졸업하고 경기도 반월면 천곡 마을로 들어와서 민중의 삶을 신앙과 교육을 통해 개선하기 위해서 피나는 노력을 하다가 과로와 영양부족으로 숨졌습니다. 그런 그녀의 삶과 업적을 기리기 위해 세워진 최용신 기념관이 안산시 상록구 본오3동에 있습니다.

둘째, 한국 양명학의 태두 하곡(霞谷) 정제두(鄭齊斗, 1649-1736)가 41세 때부터 60세까지 사았던 곳입니다. 그는 젊은 시절 서울에서 살다가 당시의 부패한 정치에 등을 돌리고 선영이 있는 안산 추곡에 와서 그의 대표작「학변」(學辨)과「존언」(存言)이라는 글을 지었습니다. 당시 조선에서는 이단으로 치부되며 그 길을 따를 경우 목숨까지도 위태로울 수 있었던 양명학에서 새로운 유학의 가르침을 발견한 하곡은 일생 동안 그 학문을 탐구하면서 온갖 어려움을 감수했습니다. 거기서 제일 핵심이 되는 가르침이 만물 안의 '生理', 우리 모두의 가슴 안에 있는 '낳고 살리는 생명과 살림의 영과 정신'(生之理/心)에 대한 것입니다.

이와 더불어 저는 하곡보다 더 널리 알려진 18세기 한국 실학의 대가 성호(星湖) 이익(李瀷, 1681-1763)의 고장이 안산이라는 것을 이번에 새롭게 자각했습니다. 안산에 성호공원이 있고, 2013년에 성호 서거 250주년 행사가 안산에서 열렸으며, 당시 성호가 숙종 이후 도탄에 빠져 있던 조선 사회를 개혁하기 위해 제시한 6가지

방편이 오늘 우리 시대에도 거의 그대로 의미 있는 것을 알았습니다.

그는 사람을 존귀로 나누는 노예제도의 철폐를 주장했고, 과거제도 폐지라는 교육과 관련한 큰 개혁을 제안했으며, 사이비 종교의 폐해와 세금과 군대의 의무를 피하기 위해서 종교(불교)로 귀의하는 등의 행태를 혁신할 것을 주창했는데, 오늘 우리 사회의 문제도 정치사회적 파당 문제, 종교와 교육문제, 경제적 착취 문제 등에 집중되어 있는 것을 생각하며 그의 정신적 유산을 생각했습니다.

12. 이들은 모두 '불평지명'(不平之鳴)의 주인공들이었습니다. 세상이 평안하지 않을 때, 평화가 깨졌을 때 어떻게 하면 이 평안을 다시 회복할 수 있을까를 고민하면서 그 일을 위해서 온몸으로 호소하다가 간 분들입니다.

이런 안산의 역사를 되새겨보면서 예전 이스라엘 여인들이 자식을 잃고 위로 받기를 거절했던 라마, 그와 유사한 일을 6백여 년 후에 다시 겪은 라마 곁의 베들레헴에서 인류의 그리스도가 탄생하셨듯이 저는 한국의 안산에서 그와 유사한 앞날을 기대합니다. 인간적 생명의 연속성은 그저 되는 일이 아닙니다. 인간적 믿음과 인내와 수고에 의해서 지속됩니다. 에티 힐레줌이 나치의 아우슈비츠 수용소에서 긴박한 죽음을 앞두고 있으면서도 '인간성'의 실험을 그치지 않았듯이, 그래서 스스로 신의 증거자가 되었듯이, 또한 그보다 먼저 이미 18세기 이 안산 땅에서 하곡이나 성호와 같은 한국의 도학자들이 그 증거를 보였듯이, 그렇게 우리 안에 생명을 살리는 힘, '생리'(生理)를 증거해 보이면서 그 믿음에서 절망을 딛고서 다음의 생명의 지속함을 위해서 한걸음씩 나아가야 하겠습니다.

바벨론 포로기의 이스라엘 민족도 그런 실천을 통해서 다시 고향
으로 돌아왔고 예수 그리스도를 탄생시켰듯이, 21세기 한국 땅의
안산에도 그러한 일이 가능해지기를 기도합니다.

13. 저는 그런 탄생의 씨앗을 이미 세월호의 아이들에게서 보았습
니다. 이번 세월호 참사에서 배 안에 있던 아이들에게 안내방송으로
들렸다는 '가만히 있어라'에 대한 해석이 여러 가지이지만 저는 그것
을 안산 아이들의 순수한 인간성, 남을 배려하는 착한 마음, 어른을
믿고 세상에 대한 신뢰가 훼손되지 않은 순진무구함의 표현이었다
고 해석하고 싶습니다. 문제와 잘못은 그 말을 믿은 아이들에게 있는
것이 아니라 그 말을 지키지 않은 어른들에게 있었습니다.

오늘 우리 시대 문제의 핵심이 바로 자신과 돈밖에 모르는 전쟁터
같은 상황에서 더 이상 서로 믿지 못하고, 서로 인간적으로 대하지
못한다는 것에 있는데, 안산 자식들의 순진무구한 믿음이 그런 이유
로 모든 그럼에도 불구하고 다시 사람의 희망이고, 우리 신뢰의 그루
터기가 될 수 있다고 여깁니다. 저는 그런 마음의 아이들을 키워내신
안산의 부모님들과 교사들을 생각했고, 그런 일들이 어떻게 안산
가족들의 일상과 부모 사랑과 자식 사랑과 학교 교실에서 살아졌는
지를 요사이 〈한겨레신문〉이 박재동 화백의 아이들 캐리커처와 더
불어 연재하고 있는 안산 식구들 이야기에서 진하게 읽습니다.

14. 이제 마지막으로 다시 예레미야 31장으로 돌아와서 다음의

구절을 읽어봅니다.

"나 주가 이렇게 말한다.
이제는 울음소리도 그치고,
네 눈에서 눈물도 거두어라.
네가 수고한 보람이 있어서,
네 아들딸들이 적국에서 돌아온다.
나 주의 말이다.
너의 앞날에는 희망이 있다.
네 아들딸들이 고향 땅으로 돌아온다.
나 주의 말이다."

"너는 길에 푯말을 세우고,
길표를 만들어 세워라.
네가 전에 지나갔던 길과 대로를
잘 생각하여 보아라.
처녀 이스라엘아, 돌아오너라.
너희가 살던 이 성읍들로 돌아오너라.
너 방종한 딸아,
네가 언제까지 방황하겠느냐?
주께서 이 땅에 새 것을 창조하셨으니,
그것은 곧 여자가 남자를 안는 것이다."(예레미야 31:16, 21-22)

여기서 저에게 특히 마지막 구절 "여자가 남자를 안으리라"라는 선지자의 치유와 회복의 말씀이 큰 의미로 다가옵니다. 저는 '여자'를 단순히 우리 몸의 신체적인 구분의 의미로 한정하고 싶지 않습니다. 오히려 더 포괄적으로 우리 삶에서 날마다 낳고 기르고 살리는 여성적인 생명과 살림의 원리(生之理, 生物之心)를 실천하고 살아가는 사람들, 어머니, 교사, 자신 속의 살리는 힘으로 매일의 온갖 어려움에도 불구하고 인내하며 삶을 이어가는 민초들로 이해하고자 합니다. 그들은 수많은 좌절과 고통, 억울함에도 불구하고 다시 생명을 살려내고 키우는 일을 자신의 일로 알고서 살아가는 생명적 연속성의 실천자들입니다.

15. 그 생명 살리미의 역할자 중에서 오늘 특히 교사의 일을 생각해보고자 합니다. 많은 인류 문화가 교사를 특히 어머니와 더불어 '신의 중보자'로 그리고 있는데, 그러한 교사에게도 제일 중요한 일은 생명의 영속성에 대한 믿음을 가지는 일이라고 생각합니다. 그 생명의 영속성에 대한 믿음을 가질 때 교사들은 기성세대의 대변자로서 이 세상에 새로 온 아이들에게 지난 세대를 충실히 소개해줄 수 있도록 스스로가 열심히 배웁니다. 어떤 일이 있었는지, 우리가 무엇을 기억해야 하는지, 그러나 무엇을 고치고 새롭게 바꾸어나가야 하는지, 이런 소개들을 통해서 새로 온 아이들은 거기에 다시 자신들의 새로움을 보탤 수 있는 안목과 힘을 키웁니다.

그런 교사는 자신에게 지금 맡겨진 아이들의 '새로움'을 귀히 여기고, 그 새로움이 잘 꽃필 수 있도록 최선을 다해 배려합니다. 참된 권위는 그 수고에서 나오고, 그런 참된 권위와 사랑과 믿음의 교사야말로 인간 삶을 위해서 생명의 영속성을 가능케 하는 귀한 생명의 전수자입니다. 저는 그 일을 '여자가 남자를 안는' 일의 하나라고 생각합니다. 신과 생명의 존재 증명이 그들 손에 달려 있다고 해도 과언이 아닐 것입니다. 안산에서, 이 아름다운 교회 공동체 주일학교를 통해서 그러한 일이 크게 일어나기를 기도합니다. '라마', '베들레헴', '안산', 우리 생명의 영속성을 그곳으로부터 기대합니다. 성호 이익이 제시해준 참된 선비의 길이 그 일에서 예수 십자가의 길과 더불어 큰 불빛이 됩니다.

사실적 진리와 정의, 그리고 용서의 관계에 대하여
- 세월호 진실과 화해 -

    1. 일찍이 플라톤은 한 사회의 공정성과 정의의 정도를 판가름할 수 있는 하나의 잣대로 그 사회에서 법률가와 의사의 직업이 얼마나 선호되고 성업을 이루는가를 들었다. 즉 법률가와 의사가 선호되고 있다는 것은 사회적 삶이 공정하지 못하고 정의롭지 못하여 분쟁이 많이 일어나고, 너무 많이 가졌거나 너무 적게 가져서 생각이 많고 억울한 사람들, 너무 많이 먹거나 먹지 못해서 병든 사람들이 많아서 법률가와 의사의 수요가 점점 더 요구되는 사회라는 지적이다. 오늘 우리 사회에 꼭 적용되는 서술이라고 생각한다.

    2. 오늘 우리 주변에 억울한 사람들이 너무 많다. 세월호 참사의 304명은 말할 것도 없고, 단지 국내뿐 아니라 전 세계적으로 하루가 멀다 하고 대형 참사와 전쟁, 학살이 끊이지 않아서 거기서 쌓이는

분노와 억울함, 절망감이 크다. 이러한 일은 이제 단지 어떤 개인들이나 이익단체에 의해서만 야기되는 것이 아니라 국가도 자국민을 상대로 학살을 일으키고, 세계 정치나 외교에서도 정의와 공평, 선함이나 인간적 호혜는 거의 사라진 지경이니 21세기 인류 문명의 위기를 말하지 않을 수 없다.

근대 부르주아 국가가 본격적으로 시작되는 시점에서 홉스는 그의 『리바이던』에서 힘이 약해서 억울하게 살해당할 위험에 대한 최소한의 보장으로 국가 권력에게만 독점적으로 살해권을 양도하는 국가의 탄생을 이야기했다. 당시 이 비관적인 국가관에도 국가만은 불의하게 함부로 살인을 하지 않을 것이라는 믿음이 들어 있었는데, 오늘은 그 국가와 또한 국가들의 모임인 국제 정치에서도 체면으로라도 정의와 공평함을 서로의 관계맺음의 제일 원리로 삼는 나라가 사라지고 있으니 민중과 약한 나라와 지구문명 자체는 호소할 곳이 없다.

3. 상황이 이러하니, 아니면 더 어이없는 일로서, 요사이 용서나 화해에 대한 이야기가 많이 회자된다. '진실과화해위원회'의 이름이 자주 거론되고, 정의와 공평이나 악과 근본악 등에 대한 이야기가 많이 들린다. 일찍이 예수는 용서할 줄 모르는 종의 비유 이야기 속에서 "일곱 번까지가 아니라 일곱 번을 일흔 번까지라도" 용서하라고 하셨고, 또한 포도원의 품꾼들 이야기에서는 찌는 더위에서 온종일 수고한 사람에게나 한 시간밖에 일하지 않은 사람에게도 똑같이 대우해주는 '이 마지막 사람에게도'(unto this last)의 호혜를 가르쳤

다(마 20:14).

하지만 오늘날에도 우리 삶에서 이러한 이야기가 그대로 적용될 수 있을까? 오늘의 현실은 용서와 화해를 오히려 힘 있는 자들이 더 많이 말하고, 세계 신자유주의 경제원리가 이렇게까지 퍼진 마당에서 예수의 이 마지막 사람에게도는 어쩌면 힘들고 지친 세계 다국적 노동자들에게는 오히려 기운 빼는 이야기로 들릴지 모른다.

4. 서구 여성정치철학자 한나 아렌트는 인간 행위의 고유성을 가장 잘 담지하고 있는 두 가지 행위로 '용서하는 일'과 '약속하는 일'을 들었다. 인간 행위는 한 번 하고 나면 다시 주워 담을 수도, 없던 것으로 할 수 없으므로 그러한 인간 행위의 환원 불가능성이야말로 용서를 요청하는 것으로 이해한 것이다. 만약 용서가 없다면 어느 누구도 그 냉혹한 과거의 결정론에서 벗어날 길이 없기 때문이다.

하지만 그 용서는 혼자서 할 수 있는 행위가 아니다. 하늘로부터건, 타인으로부터건 그것은 '관계성' 속에서 일어난다. 물론 스스로를 용서한다는 말도 있다. 그럼에도 그 말도 그 안에 인간 존재란 스스로 안에 또 다른 자아를 가지고 있어서 그것을 양심이라고 해도 좋고, 영(靈)이라고 해도 좋으며, 더 큰, 또는 더 깊은 사유나 이성이나 직관이라고 해도 좋지만 모두 인간은 '하나 속의 둘'(two-in-one)의 존재라는 것을 지시하면서 용서는 여전히 관계의 문제인 것을 드러낸다. 즉 스스로의 용서라 할지라도 용서란 자신 안의 본래성이 회복되는 것을 말하고 그것을 통해서 자연스럽게 다시 인간다운 행위가 회복되는 것을 뜻하므로 그러한 진정한 자신과의 대화에서 나오는 정의로운 행위가 없고서는 용서받았다는 말을 쉽게 할 수가 없다는 것이다.

용서란 그렇게 자기 자신과의 관계든 타인이나 하늘과의 관계든 진정으로 수행된다면 관계가 회복되는 것을 말한다. 관계가 회복된 다는 것은 상대의 존재성을 무제약적으로 내가 함부로 할 수 없는 '의미'(聖)로 받아들이는 것을 말하고, 그래서 한편이 억울하고 불의하게 거짓이나 폭력으로 짓밟히지 않는 것을 말한다. 그것은 과거에 불의 때문에 깨어졌고 왜곡되었던 관계를 다시 시작할 수 있는 기회를 주는 것이며, 피해자는 그래서 그 잘못된 과거를 이제 지나가게 하면서 불의한 과거 때문에 도저히 인정해줄 수 없었던 가해자의 '현재'(present)를 다시 '선물'(present)해주는 것이다.

5. 그렇게 용서는 과거의 사실을 용납해주는 마음의 일이다. 그런데 마음의 일로서의 용서는 과거와 관계하는 사유이기 때문에 그 과거가 자꾸 흔들리면, 즉 과거의 '사실'(fact)이 자꾸 감춰지거나 조작되거나 분명하지 않을 경우 잘 이루어지지 않고 진정성을 획득하기 힘들다. 다시 말하면 용서가 가능해지려면 피해자가 과거에 대해서, 비록 그것이 고통스럽고 다시 생각하기조차 싫은 일이라고 하더라도 무엇이 '진실'(truth)이었는지를 분명히 알 수 있어야 하고, 무엇이 실제로 사실이었고, 왜 그런 일이 일어났는지 하는 것 등에 대한 사실적 토대에 근거한 판단을 할 수 있어야 한다는 것이다.

그런데도 가장 두드러진 예로서 일본의 한국 정신대 문제와 같은 과거사에 대한 태도라든가 오늘의 세월호 참사의 경우를 보면 정치는 '사실적 진리'(factual truth)에 적대감을 가지고 그것과 심하게 충돌하면서 과거의 사실을 여전히 힘과 권력으로 조작하고, 감추고, 변형시키고자 한다. 그렇게 해서 피해자의 판단과 사유를 흔드는데, 그럴 경우 말로는 용서와 화해를 말하지만 그것들이 진정성 있게 다가오지 않고, 그래서 참된 용서와 화해가 일어나지 않는다. 즉 용서를 불가능하게 하고 관계의 회복도 요원하게 만든다는 것이다.

6. 아렌트의 「진리와 정치」(Truth and Politics)에 따르면 국가에서 환영받지 못하는 사실적 진리는 정치에 의해서 심한 냉대를 받아왔고, 그래서 늘 국가적 기밀이 있어왔다. 그런데 그것보다 더 혼란스러운 점은 자유로운 국가에서 그것이 용인된다 하더라도 그것이 쉽게 '의견'(opinions)으로 둔갑되어서 혼동을 불러일으킨다는 것이다.

과거 한국 사회에서 독재자 시대의 언론의 탄압, 요즈음 난무하는 각종 종편방송과 SNS, 신문들 속에서 무한대로 의견들로 둔갑되는 사실적 진리들, 우리는 정말 자괴감을 느끼지 않을 수 없다. 특히 이번 세월호 사건 속에서 그와 같은 정도로 사실과 정치가 충돌하면서 진리가 조작되고 의견으로 환원되는 것을 겪으면서 과연 이 사건 이후에도 우리 사회에서 사유가 가능할 수 있을지, 도대체 어디에 근거해서 우리가 생각을 다시 시작할 수 있을지 강한 의구심과 자괴감이 든다.

그렇게 우리 삶에서 기초적인 정보를 제공하고, 그래서 우리의 판단을 방향지우고 토대를 제공하는 사물의 진리가 의도적으로 왜곡되고 수천 가지 의견으로 변형될 때 우리 삶에서의 용서의 행위는 물론이려니와 어떤 인간적 행위도, 관계맺음의 일도 가능할 수 없다. 공론 영역에서 말과 행위의 진실성과 위대성을 보장하는 바른 정치의 일이란 그런 의미에서 인간 세계의 "생명줄"(lifeblood)이라고 했다. 오늘 우리 사회의 생명줄이 끊어지고 있는 것이다.

7. 이런 가운데 예수의 '일곱 번의 일흔 번까지라도'의 권고를 다시 생각해본다. 그리고 그것은 오늘날처럼 그렇게 사실적 진리가 총체적으로 조작되고 파괴되지 않던 시절의 권고가 아니었을까 나름대로 반추해본다. 가해자에게나 피해자에게나 모두 공통으로 인정되는 삶과 사유의 기초적인 사실적 토대가 유지되던 시절이었으므로 그의 요구도 그와 같은 정도로 급진적이지 않았을까 헤아려본다. 그에 비해서 오늘날은 그 사실적 진리가 정치뿐 아니라 사법과 언론, 과학과 예술, 대중적 조작을 통해 한없이 위협받는 상황인 것을 생각해보면 그 말이 결코 하나의 건조한 교리 언어로 반복될 수 없다는 것을 알게 된다.

예수보다 5백여 년 앞섰던 시기에 공자는 그보다 훨씬 더 완화된 답을 주었다. 공자에게 한 제자가 "원망(불의)을 덕으로 갚는 것은 어떻습니까?"(以德報怨, 何如)라고 묻자, "그러면 덕은 무엇으로 갚겠는가? '원망'은 '직'(直: 정직 또는 정의)으로 갚고, '덕'은 '덕'으로 갚는다"(何以報德. 以直報怨, 以德報德 -『논어』「憲問」36)라고 대답하였다. 즉 여기서 직(直)이란 사실적 정직한 대면, 관계를 다시 회복하고 용서할 수 있도록 진실을 밝히는 일이라고 할 수 있는

데, 원망과 원통함을 끼친 관계에서의 회복은 그렇게 상황의 진실을 밝히는 일이 무엇보다도 중요하다는 가르침이겠다. 그런 의미에서 공자도 정치와 진리, 용서와 사실의 관계를 다시 한번 잘 지적해주었다고 할 수 있다.

8. 인간 세계에서 사실적 진리는 이렇게 하나의 신념보다도 더 간단히 권력의 공격을 받고서 상실되기 쉽다. 또한 사실적 진리도 의견과 마찬가지로 결국 인간의 승인에 달려 있는 것이므로 의견처럼 자명하지 않을 수 있다. 하지만 그럼에도 불구하고 "사실은 완고성에서 권력보다 우월하다." 즉 사실은 과거의 실재이기 때문에 우리 현재의 행위에 그렇게 개방적이지 않고, 그런 의미에서 그것의 안정성은 우리가 마음대로 접근할 수 없는 차원이고, 의견과는 달리 "고집스럽게 존재함으로써 자신을 천명"한다는 것을 잊지 말아야 한다. 다시 말하면 그것은 인간적 합의와 동의 너머에 존재한다는 것이다.

그러므로 온갖 거짓과 의견과의 경계 허물기를 통해서 그것을 사라지게 하고 조작할 수는 있지만, 그 "존재함으로써"(thereness) 가지는 사실적 완고성을 일관된 거짓말로 교체한 결과는, 인간 사회에서 거짓말이 진리로 수용되고 진리가 거짓으로 폄하되는 일보다 더 심각하게, 바로 실재를 읽어내고 거기서 의미를 찾아내는 사람들의 감각과 능력이 훼손되어가는 일이라고 아렌트는 강하게 경고한다.

즉 용서는 말할 것도 없고 어떤 인간적인 행위나 그것을 통해서 미래를 구상해낼 수 있는 능력, 다르게 말하면 우리 삶을 계속할 수 있는 근원적인 생명력이 고갈되는 것을 말한다. 이처럼 인간 삶의 부인할 수 없는 조건인 '과거'를 마치 '현재'의 일부분인 것처럼 마구 다루면서 그 존재가 가지는 완고성을 거짓과 조작으로 훼손하려 할 때는 그의 '미래'도 함께 날아가 버리는 것을 알 수 있다.

오늘 세월호 참사에 대처하는 한국 정부의 방식은 이미 일어난 사실적 진리의 완고성에 대한 인정과 존중 대신에 그것을 자신의 의도와 목적대로 마음대로 사용하고 처리할 수 있다고 생각하면서 그 인간 공동 삶의 토대를 부수어버리는 처사이다. 하지만 과거의 사실은 그 완고성에서는 권력보다 우수하다. 그리고 과거가 없이는 우리의 현재와 미래도 없다는 것을 인정해야 한다. 그런 의미에서 맹자가 그의 「진심」(盡心) 장에서 서구의 공평 개념보다 훨씬 더 긴 안목으로 정의를 '경장'(警長), '오래된 것을 존숭함', 과거를 소중히 함, 웃어른을 공경함으로 제시한 것은 의미 깊다. 그 경장으로서의 의(義)를 그는 "인간적 삶의 길"(人路)이라고 했다.

9. "진리는 그 자체에 강제의 요소를 포함한다." 용서는 관계 안에서 일어나는 것이며, 그래서 그 관계가 일방적으로 한편의 거짓된 의도로 왜곡될 때는 우리의 마음이 그것을 받아들이고 싶어도 잘 되지 않는다. 오늘날은 정치뿐 아니라 사법, 대학의 전문가, 과학, 언론, 예술 등 온갖 영역에서 총체적으로 사실이 왜곡되고, 과거가 마음대로 침범되기 때문에 우리 판단의 기준이 될 수 있는 '불편부당'(不偏不黨)한 판단을 만나기가 참으로 어렵다. 그러나 "인간은 자기 안에 결코 떼어놓을 수 없는 파트너를 데리고 있고", 그 떼어놓을 수 없는 또 다른 자신과의 대화가 바로 우리 마음의 사유(性理)이기

때문에 사실적 진리의 취약성은 그럼에도 불구하고 바로 그 사유를 계속하는 사람들과 함께 극복된다. 이 믿음이 인간에 대한 믿음이고, 우리 창조성에 대한 신뢰이다.

　예수의 래디컬한 용서의 요구, 일곱 번의 일흔 번까지의 요구는 어쩌면 그런 인간에 대한 깊은 신뢰의 표현인지도 모르겠다. 즉, 인간은 모든 그러함에도 불구하고 왜곡과 거짓을 넘어서 무엇이 옳고 그른지를 구별해내고 판단해낼 수 있는 마음의 능력을 가지고 태어났다는 것, 그래서 그 인간의 '탄생성'(性, natality)을 믿는 믿음의 눈으로 상대가 아무리 잘못을 했더라도 그것이 그의 모든 것이 아니라는 것을 알아채고, 그래서 그에게 다시 한번 새로운 미래를 선물하라는 것일 것이다. 그렇게 결국 우리의 용서할 수 있는 힘은 미래를 내다볼 수 있는 능력, 그래서 그 미래와 더불어 약속할 수 있는 능력과 긴밀히 연결되어 있고, 그것은 모두 하늘로부터 거저 받은 것이니 우리는 은총으로 구원받는다는 것을 고백하지 않을 수 없다.

　10. 그것은 은총이지 나의 공적이나 업적이 아니다. 그것은 존재 이상의 업적(행위)이나 그 행위의 많고 적음의 양에 관련된 것이 아니라 온전히 태어남의 은총으로 얻는 것이다(性卽理/心卽理). 이 인간 탄생성에 대한 믿음이 우리를 의롭게 한다. 그것은 존재와 더불어 있는 것이므로 바울의 언어로 하면 율법이나 행위가 아니라 믿음과 은총으로 의롭다 함을 입은 것이다.

　'믿음'(信)은 그런 의미에서 우리 생명력의 핵심이고 창조적 에너지의 정수이다. 이 믿음 속에서 용서와 정의의 행위와 삶이 흘러나오는 것이므로 '믿음과 행위', '용서와 진리', '정치와 사실적 진리'는 결코 둘이 아니고 이분될 수 없다. 그러므로 덕은 덕으로 갚고, 원망은 정직으로 갚으라는 공자의 가르침과 예수의 일곱 번의 일흔 번까지의 용서의 요청은 그 급진성에도 불구하고 여전히 우리에게 도전해 오고, 거기에 걸려 넘어지지 않는 사람과 시대는 복이 있다.

세월호 이후의 언론
– '사실'과 '믿음'의 두 에너지로 이루어지는 새 언론 –

1. 요즈음 화제가 되고 있는 영화 〈다이빙벨〉을 보았다. 다들 들었 듯이 MBC 해직기자인 〈고발뉴스〉의 이상호 기자가 감독의 한 명으 로 참여한 세월호 다큐멘터리이다. 영화 상영이 끝난 뒤 세월호 유족 두 명과 더불어 이상호 기자가 관객들과의 대화 시간을 가졌다. 세월 호의 진실을 알리기 위해서 이보다 더 좋은 일이 없다고 생각했다. 이미 생각했던 바이고 크게 알려진 사실이지만 이 영화는 사고가 일어난 직후 얼마 안 되어 언론이 어떻게 수많은 구조인원과 함선과 헬리콥터와 구조장비들의 이름과 숫자까지 거론하면서 완전히 거짓 으로, 실행되고 있지 않는 구조 행위를 실행되고 있는 것으로 전했는 지 다시 여실히 보여주었다. 참으로 어안이 벙벙하고 경악할 만한 일이다.

그런데 이 영화를 제작 감독한 이상호 기자조차도 오늘날 방송매

체가 사실적 진실을 그대로 전하지 않고, 특히 방송매체의 최전선에
자신의 모습을 드러내면서 말과 글로 소식을 전하는 아나운서나 기
자들의 경우 그 말과 글이 '사실'과 다른 것은 물론이려니와 그것을
스스로 쓰거나 확인한 것도 아니고, 단지 이미 정해진 내용과 텍스트
들을 읽거나 받아써서 전하는 것일 뿐이라고 지적했다.

　이 이야기를 다시 '관행'이라고 전하는 이상호 기자에게 나는 재차
물었다. 이러한 일을 관행이라고 '이해'해주지 말고, 여기에 대해서
싸우고, 그 아나운서가 읽은 텍스트가 거짓이라고 만천하에 드러난
이상 그 텍스트를 처음 그렇게 쓰거나 쓰도록 지시한 사람이 누구인
지를 역추적하는 방식을 통해서 진실과 조작된 의도를 확실히 드러
나게 해야 하지 않느냐고 말했다. 왜 어떤 일보다도 명약관화할 것
같은 그 일을 하지 않느냐고 재차 묻자 모두가 웃었다.

　2. 지극히 사적인 개인적 삶에서도 사실과 다른 거짓말을 하는
일은 매우 '부자연'스럽고, '부자유'한 일인 것이 틀림없다. 그런데
그렇게 많은 수의 사람들을 향해서 진실을 왜곡하면서 거짓을 말하
는 일을 관행으로 이해하고 사는 우리네 삶은 과연 어떤 삶인가?
그래서 나는 〈에큐메니안〉에게 바라는 제일의 일로 어떠한 경우에
도 '사실'과 '진실'을 저버리지 말고, 그 기초와 원자료들을 어떤 이차
적인 의도와 목적을 위해서 희생시키지 말 것을 당부하고자 한다.

　위의 사람들 웃음처럼 오늘 우리 시대에 이러한 요구를 한다는
것 자체가 어쩌면 '불가능한 일'을 요구하는 것이고, 그것은 또 하나
의 '영적 교만'(arrogance)인지 모르겠다고 비판할 수 있다. 하지만

나는 오늘 우리 시대, '인민'과 '시민'과 '의견'과 '취미'의 시대일수록 이 일이 매우 긴요하고, 그것은 우리의 어떤 의견과 취미라 할지라도 무시할 수 없고, 무시해서도 안 되는 토대라고 주장하고자 한다. 그것은 우리 판단의 공통적 근거가 된다고 생각하여 그 일을 다른 어떤 저널보다도 〈에큐메니안〉이 지켜주기를 바란다.

간디는 자신의 신앙이 '신은 진리'(God is Truth)라는 믿음에서 '진리가 신'(Truth is God)이라는 고백으로 나아갔다고 밝히고 있다. 인간의 정신사에서 또 다른 차원의 역사를 연 그의 '진리 실험'(an experiment of truth)은 그렇게 시작되었고, 거기서 얻어진 실질적인 큰 열매가 인도의 독립과 자치였다는 것을 우리가 안다.

3. 다음으로 바라는 일을 한국 유교전통의 언어로 '선여인동'(善與人同)으로 표현해보고자 한다. 말 그대로 '다른 사람과 더불어 선을 행한다'라는 뜻인데, 위의 '진리파지'(眞理把持)의 일을 혼자서만 하려고 하지 말고 다른 사람들과 더불어 협력하면서 나아갈 때 더욱 힘을 받는다는 것이다.

예전 율곡 선생은 이상국가의 꿈을 실현할 방법론(聖學輯要)을 논하는 자리에서 지도자가 "천하의 눈을 내 눈으로 삼는다면 보지 못하는 것이 없고, 천하의 귀를 내 귀로 삼는다면 듣지 못하는 것이 없으며, 천하의 마음을 내 마음으로 삼으면 생각하지 못할 것이 없으니, 이것이 성스런 왕과 현명한 군주가 천하를 고무시키면서도 심력을 수고롭게 하지 않는 까닭이다"라고 하였다.

이 말은 여러 가지 뜻으로 해석할 수 있겠는데, 먼저 혼자서 보는 것의 한계를 지적한 말이라고 할 수 있다. 사실적 진리를 모으는 일에서도 그렇고, 그것을 해석해내고 의미화하는 일에서도 오늘날 언론의 일과 역할은 예전 통치자의 그것과 잘 비견될 수 있다. 그런데 그 일을 수행하는 것에서 훌륭한 통치자는 세상의 곳곳에 흩어져 살고 있는 다른 사람들의 눈과 귀를 마치 자기 몸 바깥에서 살고 있는 또 다른 자기의 눈과 귀로 여겨서 그들로부터 듣고 배워 자기 통치의 일도 수월하게 할 수 있고, 그것을 통해서 나라 전체의 사람들도 활발하게 살아가도록 한다는 이야기이다. 오늘 우리가 많이 이야기하는 '다중지성' 또는 '집단지성'의 지혜와 다르지 않다고 하겠다.

4. 나는 〈에큐메니안〉이 지금보다도 훨씬 적극적이고 다양한 방식으로 훌륭한 다중지성으로 성장해가기를 요청하고 기대한다. 화교 그룹보다도 더 넓고 다양하게 세계 곳곳에 흩어져 있다고 하는 '한민족 벨트'를 적극적으로 활용하는 일, 세계에 자랑할 만하 한국의 자랑 1-2위를 다투는 한국 '아줌마'들을 〈에큐메니안〉 통신원과 저자들로 적극적으로 끌어내는 일, 지금 큰 위기 가운데 빠져 있는, 일본식 허무주의와 개인주의에 점점 더 물들어가면서 생명과 삶의 의지와 활기를 잃어가는 젊은 그룹들, 각 대학, 신학대학 젊은이들의 생생한 목소리를 〈에큐메니안〉을 통해서 울려 퍼지도록 하는 일, 사회적 약자와 이주민, 이웃 종교와 '다른 시각과 관점'들이 보다 용이하게 자신을 드러내고 커밍아웃할 수 있도록 하는 일, 이런 모든 일이 지금까지의 어느 언론 매체가 하지 못했던 뛰어난 다중지성으로서의 〈에큐메니안〉을 일구어가는 일이라고 여긴다. 여기에 박차

를 가해주기를 바란다.

5. 세 번째 바라는 일은 오늘 우리 사회를 가장 보편적으로, 밑동에서부터 흔들고 뿌리 뽑히게 하는 악과 불의에 도전하라는 것이다. 나는 그것을 특히 먼저 '교육'에서의 불의와 더불어 생각해보고자 한다.

오늘 한국 사회의 어느 가정, 어느 개인, 어느 교회가 이 교육으로 인한 폐해로 고통을 당하지 않는 곳이 없다. 지금까지 교육은 아주 국지적인 일이고, 마이너한 일이며, 특히 종교나 교회와는 상관없는 일이라고 생각했다. 그래서 한국 기독교를 포함해서 모든 종교가 교육 문제는 내 문제가 아니라고 여기며 관여해오지 않았다. 그러나 오늘 민중들의 절망과 가난과 고통, 젊은이들의 억눌림과 희망 없음, 인간 실존적 성찰의 부재, 가정의 파괴, 농촌의 황폐화, 신학의 쇠퇴와 지성의 몰락 등이 모두 교육과 관련되어 있다는 것을 부인할 수 없다.

아이들 교육을 위해서 가족이 가족생활을 포기하고, 부모세대는 끊임없는 노동과 가난에 시달리고, 도시는 크게 과부하되어가지만 농촌은 비어가고, 노동자들의 생활임금도 보장하지 않고 착취해서 외국 교육기관에 쏟아 붓는 등, 우리 시대와 사회의 핵심 악들이 모두 이 교육 문제와 연결되어 있는 것을 본다. 지금 우리가 처절하게 겪고 있는 세월호 참사의 비극에도 그 핵심에 자식들의 교육 앞에서 모든 것을 내어놓는 한국 부모와 세대의 무지와 수동이 놓여 있다.

그래서 나는 〈에큐메니안〉이 이 문제를 자신의 핵심 과제로 삼아서 한국 교회로 하여금 이 문제에 눈을 돌리게 하고, 기독인들과 종교인들로 하여금 이 거대한 세계적 착취의 고리를 알아채게 하여서 거기서부터 빠져나올 수 있도록 하는 일에 적극적으로 역할을 할 것을 요청한다.

6. 이미 지난 세기 1960-70년대에 '탈학교사회'를 외친 가톨릭 신학자 이반 일리치는 오늘의 소비 자본주의 사회를 계속 돌아가게 가는 소비자 공급원으로서 학교와 대학이 어떻게 그 핵심 역할을 수행하고 있는지 잘 밝혀주었다. 그리고 그 근본적인 치유책으로 서구 기독론의 오래된 배타주의와 우월주의를 걷어내는 일을 들었다. 생래적이고 삶 중심적인 인간 가능성에 대한 보다 긍정적인 사고와 이웃 종교와 문화에 대한 개방성이 학교와 제도교육으로부터의 인간 해방을 훨씬 용이하게 해준다는 것이다.

나는 우리가 현재의 근대 교육제도와 이념을 비판하는 일을 통해서 특히 앞으로의 한국 사회와 교회를 위해서 중요한 역할을 할 이웃 종교와의 대화도 더욱 활발하게, 구체적으로 진행시킬 수 있다고 여긴다. 왜냐하면 아시아의 오래된 종교 전통이란 한 마디로 종교와 교육, 삶과 배움, 종교적 성찰과 삶의 수행이 하나가 된 전통을 말하는 것이기 때문에 오늘 우리를 착취하는 현재 교육에 대한 저항은 자연스럽게 그러한 전통과의 조우를 가능케 해주기 때문이다. 그래서 〈에큐메니안〉이 우리 교육문제와 더불어 이웃 종교전통과의 만남의 일을 크게 신장시켜주기 바란다.

7. 우리의 모든 정치와 교육, 종교와 문화, 경제와 가족생활이 궁극적으로 지향하는 것은 우리 삶의 참된 인간화라고 할 수 있다. 인간이 존중받고 무시되지 않는 사회, 보통사람들이 자신들의 재능과 활기를 맘껏 구가하며 억울함이 없이 살 수 있는 사회, 요절이나 급사, 폭력적인 죽음이 흔하지 않은 사회, 현재의 지구적 의식과 창조가 더욱 전개되어서 앞날의 전개와 미래가 매우 기대되고 설렘으로 기다려지는 시대, 이런 함께 함과 그런 일들이 실현되는 시대를 그린다. 이 일에 〈에큐메니안〉이 함께 해주기를 바란다.

비록 적은 수의 실무자들과 기자들과 일꾼들이지만 우주를 마음에 품고, 한국을 지렛대로 삼아서, 말과 글과 그림을 가지고 시대를 흔들면서, 하루 한 걸음씩(日步) 작지만 꾸준히 나아가며 우리 삶을 크게 변화시키는 좋은 매체가 되어 주기를 바란다. 누군가가 말했다. 기자의 역할은 억울한 사람의 한을 풀어주는 일이라고. 예전 종교적 사제의 일을 오늘은 언론이 해주고 있고, 또한 그렇게 해야 한다고 생각한다. 그만큼 언론이 중요해졌다는 말이겠다.

〈에큐메니안〉은 우리 시대의 어느 다른 언론매체보다도 특히 신앙적인 언론매체로서 자기 자신을 세웠다. 종교와 언론, 신앙과 진실이라는 두 가지 핵심적인 삶의 원리를 모두 품어 안았으니 그 역할과 책임이 큰 만큼 기대가 더욱 크다.

물질주의에 매몰된 한국 사회와 교회[1]

1. 글을 열며

세월호 참사의 핵심 원인들을 찾는 성찰과 분석이 여러 차원과 각도에서 행해지고 있다. 하지만 나는 우선 CEO 출신 이명박 정부

[1] 이 글은 본인의 기발표된 논문과 설교문, "세월호 참사 이후의 한국 교회여성과 정치", 〈기독교사상〉(2014. 7월호), 160-177쪽; "라마, 베들레헴, 안산, 세월호 참사와 생명의 연속성", 〈에큐메니안 칼럼〉(2014. 7. 18.); "사실적 진리와 정의 그리고 용서의 관계에 대하여", 〈새가정〉(2014. 9.), 15-19쪽; 그리고 2009년 5월 20일 열린 교회여성연합회 제28차 총회 강연문 "'박쥐'와 '졸부'의 나라와 하나님의 나라"의 글 등을 바탕으로 재구성한 것임을 밝힙니다. 그래서 앞서 나왔던 것들이 반복되기도 합니다. 그럼에도 이 원고는 한 강의를 위해서 구성된 것이므로 그대로 싣기로 했습니다. 한나 아렌트 등의 사상을 좀 더 자세히 살피기 위해서는 본인의 책, 『생물권정치학시대에서의 정치와 교육 - 한나 아렌트와 유교와의 대화 속에서』(도서출판 모시는사람들, 2013)을 참조하시기 바랍니다.

시절부터 그 마성을 더욱 드러낸 한국 신자유주의 정치와 경제의 제국주의적 성장주의가 그 누적된 부자연(不自然)과 불의(不義)를 절망적으로 표출한 사건이라고 보고자 한다.

그동안 한국 사회 부르주아적 자본주의의 병폐와 실상을 세차게 비판해온 한국학자 박노자 교수는 이번 세월호 참사를 목도하면서 "정부가 해운업 감독 책임을 방기하고, 기업은 이윤을 위해 고객과 노동자 생명을 볼모로 잡는다면 이는 사고가 아니다. 살인이다"라고 일갈했다.2) 오늘 대한민국처럼 그 국가의 구호가 '기업하기 좋은 나라'가 된 나라에서 가장 두드러진 것은 공공성의 부재이고, 인간은 한갓 기업의 부품이거나 폐품인데, 그래서 이미 폐품이 된 노인이거나 아직 '쓸 만한 부품'이 되지 못한 아이들과 청소년들의 비참함이 크다.

인류 역사에서 19세기 서구 제국주의는 자신들의 자본주의 생산을 무한정으로 늘리기 위해서 자국의 정치를 그 시녀로 만들면서 전 세계를 대상으로 식민주의 약탈을 펼쳐나갔다. 나는 오늘 세월호 참사에서 그와 유사한 21세기형 제국주의의 무한 팽창주의와 거기서의 정치와 경제의 불의한 합병을 본다. 서구 근대 물질주의의 두 쌍인 자본주의와 사회주의를 모두 겪은 러시아의 사상가 베르쟈예프(N. Berdyev, 1874-1948)는 '돈'과 '자아'에 대한 노예성인 부르주아의 노예성이 얼마나 치명적이고 보편적인가를 잘 밝혀주었다. 그것은 이 세상에 깊이 뿌리를 박고서 이 세상에 만족하는 지상의

---

2) 박노자, 박노자의 한국, 안과 밖 "기업국가를 해체하라", 〈한겨레신문〉 2014.
   5. 14(수).

왕의 노예성으로서 거기서의 종교의 질은 그러므로 "이 세상의 조직에 헌신하는 봉사, 이 세상에서의 그의 지위의 보존에 대한 봉사"로 측정된다.[3] 오늘 한국 기독인들의 의식세계를 이보다 더 잘 묘사해 주는 서술은 없다고 본다.

2. 정의와 용서

이러한 상황 가운데서 우리는 요사이 다시 '용서'와 '화해'에 대한 이야기를 많이 듣는다. 예수의 "일곱 번까지가 아니라 일곱 번을 일흔 번까지라도" 용서하라고 하신 말씀도 인용하면서 일본 정부가 한국 정신대 문제에 대해서 이제 용서하고 화해하는 일이 중요하며, '관계 회복'이 우선이라고 하면서 그 일을 덮으려고 하듯이 이번 세월호 참사와 관련하여 한국 정부와 많은 교회들도 세월호 '피로'를 이야기하며 다시 '경제'를 살리고 '일상'을 회복하기 위해서 이 일을 마무리해야 한다고 강조한다.

하지만 지난 9월 30일에 있었던 세월호 특별법 제정에 관한 여야의 3차 합의안이 세월호 유족들에 의해서 거부되었고, 많은 저항을 받고 있듯이 주로 가해자 쪽에서 이야기하는 용서와 화해는 진정성을 얻지 못한다. 서구 여성정치철학자 한나 아렌트는 인간 행위의 고유성을 가장 잘 담지하고 있는 두 가지 행위로 '용서하는 일'과 '약속하는 일'을 들었다.[4] 인간 행위는 한 번 하고 나면 다시 주워 담을 수도,

---

3) N. 베르쟈예프, 이신 역, 『노예냐 자유냐』(도서출판 인간, 1979), 249쪽.
4) 한나 아렌트, 이진우/태정호 역, 『인간의 조건』(한길사, 2001), 300쪽.

없던 것으로 할 수 없으므로 그러한 인간 행위의 환원 불가능성이야 말로 용서를 요청하는 것으로 파악했다. 만약 용서가 없다면 어느 누구도 그 냉혹한 과거의 결정론에서 벗어날 길이 없기 때문이다.

용서는 과거의 사실을 용납해주는 마음의 일이다. 그러나 마음의 일로서의 용서는 과거와 관계하는 사유이기 때문에 그 과거가 자꾸 흔들리면, 즉 과거의 '사실'(fact)이 자꾸 감춰지거나 조작되거나 분명하지 않을 경우 잘 이루어지지 않고, 진정성을 획득하기 어렵다. 다시 말하면 용서가 가능하려면 피해자가 과거에 대해서, 비록 그것이 고통스럽고 다시 생각하기조차 싫은 일이라고 하더라도 무엇이 '진실'(truth)이었는지를 분명히 알 수 있어야 하고, 무엇이 실제로 사실이었고, 왜 그런 일이 일어났는지 하는 것 등에 대한 사실적 토대에 근거한 판단을 할 수 있어야 한다는 것이다.

아렌트의 글 「진리와 정치」(Truth and Politics)에 따르면 국가에서 환영받지 못하는 사실적 진리는 정치에 의해서 심한 냉대를 받아왔고, 그래서 늘 국가적 기밀이 있어왔다. 그런데 그것보다 더 혼란스러운 점은 자유로운 국가에서 그것이 용인된다 하더라도 그것이 쉽게 '의견'(opinions)으로 둔갑되어서 혼동을 불러일으킨다.[5] 과거 한국 사회에서 독재자 시대의 언론 탄압, 요즈음 난무하는 각종 종편방송과 SNS, 신문들 속에서 무한대로 의견들로 둔갑되는 사실적 진리들(factual truths), 우리는 정말 자괴감을 느끼지 않을 수 없다.

---

5) 한나 아렌트, 서유경 옮김, 「진리와 정치」, 『과거와 미래 사이』(푸른숲, 2005), 345쪽.

특히 이번 세월호 사건 속에서 그와 같은 정도로 사실과 정치가 충돌하면서 진리가 조작되고 의견으로 환원되는 것을 겪으면서 과연 이 사건 이후에도 우리 사회에서 사유가 가능할 수 있을지, 도대체 어디에 근거해서 우리가 생각을 다시 시작할 수 있을지 강한 의구심과 자괴감이 든다. 그렇게 우리 삶에서 기초적인 정보를 제공하고, 그래서 우리의 판단을 방향지우고 토대를 제공하는 사물의 진리가 의도적으로 왜곡되고 수천 가지로 변형될 때 우리 삶에서 용서 행위는 물론이려니와 어떤 인간적 행위도, 관계맺음의 일도 가능할 수 없다. 공론 영역에서 말과 행위의 진실성과 위대성을 보장하는 바른 정치의 일이야말로 그런 의미에서 인간 세계의 "생명줄"(lifeblood)이라고 했다.

3. 새로 시작하는 힘

"진리는 그 자체에 강제의 요소를 포함한다." 또한 "인간은 자기 안에 결코 떼어놓을 수 없는 파트너를 데리고 있고", 그 떼어놓을 수 없는 또 다른 자신과의 대화가 바로 우리 마음의 사유(性理)이기 때문에 사실적 진리의 취약성은 그럼에도 불구하고 바로 그 사유를 계속하는 사람들과 함께 극복된다. 예수의 래디컬한 용서 요구, 일곱 번의 일흔 번까지의 요구는 어쩌면 그런 인간에 대한 깊은 신뢰의 표현인지 모르겠다. 즉, 인간은 모든 그러함에도 불구하고 왜곡과 거짓을 넘어서 무엇이 옳고 그른지를 구별해내고 판단해낼 수 있는 마음의 능력을 가지고 태어났다는 것, 그래서 그러한 인간의 '새로 시작할 수 있는 힘'을 믿는 믿음의 눈으로 상대가 아무리 잘못했더라도 그것이 그의 모든 것이 아니라는 것을 알아채고, 그래서 그에게 다시 한번 새로운 미래를 선물하라는 의미일 것이다.

아렌트는 아우구스티누스의 언술을 따라서 "시작이 있기 위해서 인간이 창조되었다. … 이 시작은 모든 새로운 탄생을 통해서 보증된다. 참으로 모든 인간이 시작이다"라고 선언하며 인간 피조성의 핵심을 말과 행위로써 인간 세계에 참여하여 '새로 시작하는 힘'인 것을 지시했다.6) 이 새로 시작하는 힘이야말로 우리 신뢰와 행위의 근거인 것이다. 그것은 이 세계의 모든 현상적인 악과 한계에도 불구하고 절망하거나 포기하지 않고, 두려움을 극복하면서 다시 시작할 수 있는 용기와 정치의 근거가 되고, 우리 소망과 신뢰의 그루터기가 된다.

4. 예수가 보낸 광야의 40일과 새로 시작하는 힘

나는 우리가 잘 아는 누가복음 4장의 예수가 요한에게 세례를 받으신 후 광야에서 40일 동안 지내면서 악마에게 시험 받는 이야기 속에 바로 그러한 인간의 새로 시작할 수 있는 힘에 대한 그림이 아주 잘 그려져 있다고 생각한다. 이 이야기 안에 악마와의 세 번에 걸친 담판에서 성서는 참 인간으로서의 예수가 그 시험을 어떻게 이겨냈는가를 그려주었다. 그러면서 그러한 모범을 통해서 인간의 문명을

---

6) Hannah Arendt, *The Origins of Totalianism*, p.479.

전혀 새롭게 시작하는 방법을 제시했고, 그럼으로써 새로운 '하나님 나라' 비전을 잘 가르쳐주었다. 오늘 맘몬주의에 깊이 빠져 있는 한국 사회와 교회가 다시 깊이 경청할 일이다.

1) 예수가 받은 첫 번째 시험은 40일 금식 후에 "네가 만일 하나님의 아들이어든 이 돌들에게 명하여 떡이 되게 하라"는 것이었다. 즉 먹을 것과 생명의 필요물과 몸의 요구에 관한 것이다. 인간은 이 세상의 다른 모든 생명체와 마찬가지로 몸적 존재이다. 그래서 노동을 해야 하고, 그것을 통해서 먹을 것을 얻어야 하며, 그 필요물들을 채우지 않으면 살아갈 수가 없다. 앞의 아렌트는 그래서 '노동'(la-bor)의 조건을 인간 삶의 제일의 조건으로 제시했다.

이렇게 우선적으로 하나님 나라는 먹을 것과 관계가 있다. 하나님 나라의 선교나 전파, 봉사와 배려를 강조하면서 그것이 먹을 것과 우리 몸의 필요물과 관계가 없다고 하는 것은 신뢰할 만한 복음이 되지 못한다. 그런 맥락에서 마하트마 간디도 민중이 하나님을 만날 수 있는 가장 확실한 장소는 '일'과 '먹을 것'이라고 했다.

하지만 예수의 하나님 나라는 거기에만 그치는 것이 아니라는 선포였다. 40일간을 금식하신 후 극심한 배고픔 가운데서도 돌을 들어서 떡으로 만들어주겠다는 유혹 앞에서 예수는 "사람이 떡으로만 살 것이 아니라"고 하셨다. 그렇지만 오늘 우리의 상황은 이러한 하나님 나라의 선포와는 달리 온통 삶의 '필요물'만을 추구하면서 '효율성'과 '필요성'의 잣대로만 모든 것이 판단되는 시대가 되어버렸다.

몇 년 전 〈한겨레신문〉에서 "시대를 읽는 문학"을 통해서 아주

통찰력 깊은 셰익스피어의『리어왕』해석을 들었다.7) 셰익스피어의
『리어왕』은 단순히 욕심 많은 두 딸 때문에 모든 것을 잃고서 모욕과
분노 속에서 몰락해가는 왕을 그린 것이 아니라 오히려 그 핵심은
인간의 삶이 단지 필요성의 잣대로만 재단될 때 얼마나 비극적인
결과를 초래하는지를 보여주는 것이라는 해석이다.

거기서 늙은 리어 왕은 세 딸 가운데 아버지를 가장 사랑한다고
허풍을 떠는 두 딸에게 모든 것을 넘겨주고서 이제 자신은 수행원들
을 데리고 두 딸의 왕국을 오가며 편안하게 살 수 있을 것이라고 생각
했다. 그러나 그런 리어 왕의 낭만적인 생각은 영토를 물려받고 힘을
가지게 된 딸들의 현실 논리 앞에서 여지없이 무너지고, 수행원을
100명에서 50명으로, 아니 다시 그 반으로, 마지막에는 우리가 보살
펴드리는데 무슨 수행원이 필요하냐며 필요성과 효율성의 원리를
들어 따지는 딸들 앞에서 여지없이 무너지고 만다.

리어 왕은 그 배은망덕에 격분하며 다음과 같이 외친다. "오, 필요
를 논하지 말라! 가장 미천한 거지라도 가장 보잘것없는 것이나마
여분을 갖는다. 자연이 인간 본성에 필요한 것 이상을 허락지 않는다
면 인간의 삶은 짐승만큼 비천할 것이다", "싫다! 늑대나 올빼미와
한 무리가 되어 필요성의 날카로움에 쥐어뜯기느니 맹세코 모든 거
처를 버리고, 모든 증오에 맞서 싸우는 편을 택하겠다."

리어 왕의 이 절규는 비단 그의 것만이 아닐 것이다. 오늘 우리
시대에 우리의 부모님들도 같은 절규를 외치고 계시는지도 모른다.

---

7) 박혜영, "시대를 읽는 문학", 〈한겨레신문〉, 2009.

사람의 삶을 단지 필요물의 차원에서만 고려하는 이러한 시도는 오늘 우리 사회에서 필요성과 효율성만을 외치며 기업과 정부, 학교, 병원, 심지어는 교회에서조차도 무차별적으로 시행되고 있는데, 이들이 외치는 '구조조정'과 '효율'은 현실 논리만을 앞세우며 사람들을 처치하고 잘라내어서 우리의 삶을 짐승의 세계처럼 황폐하게 만든다. 두 딸에게 '불필요한' 것을 모두 빼앗기고 광야를 헤맸던 미친 리어 왕의 마지막처럼 오직 필요한 것만 허용되는 삶이란 단지 생계유지를 위한 헐벗은 삶이 될 뿐이며, 나중에는 그것도 확보되지 못하고, 거기서 인권이나 인간다운 문화, 예술 등은 설자리를 잃는다.

나는 오늘의 세월호 참사가 지난 MB정부에 들어와서 더욱 극성을 부리게 된 필요성과 효율성의 나라 한국의 모습을 극단적으로 드러내준다고 생각한다. 그 전에 있었던 용산 참사의 뼈아픈 실상과 국가인권위원회의 축소, '불필요한' 국립오페라합창단의 해체나 철저히 효용성과 공리주의의 도구가 되어버린 오늘날의 교육, 그리고 자연조차도 오직 경제 논리로만 평가되어서 자산이 되어버린 우리의 강과 산하, '노동력'과 '인적 자원'으로만 평가되는 인간의 삶은 급기야는 그 생명마저도 보존할 수 없는 상황으로 몰린다는 것을 잘 경험한다.

여기에 대해서 20세기 부조리극 극작가 이오네스코의 말, "만약 우리가 쓸모없는 것의 유용성과 쓸모 있는 것의 무용성을 이해하지 못한다면 예술을 이해하지 못하게 될 것이다"라는 언사는, 인간의 삶이란 짐승이나 로봇, 노예의 삶과는 다르다는 것을 지시한다. 동물이나 노예의 삶에서는 인권이나 예술, 아름다움이 아무런 의미를 갖지 못하지만 우리가 인간으로서 자유인이고자 할 때는 그렇지 않다는 것이다. 물론 맘몬주의에 매몰된 부르주아 사회에서는 문화도 일종의 사치품이 되고, 미(美)도 부의 도구가 되어서 그 참다운 의미를 잃는 경우도 많지만 의(義)와 더불어 함께 추구되는 미(美)는 인간적 삶을 지시한다. 또한 우리가 '보이지 않는 것의 실상이요 바라는 것의 증거'인 믿음을 가지고 하나님의 나라를 꿈꾼다는 것은 이러한 시대의 효용성과 필요성의 원리를 넘어서는 일이고, 예수의 첫 번째 시험도 그것을 넘어선 것이며, 그래서 우리도 함께 넘어서야 하는 일일 것이다. 그 일을 통해서만 참다운 인간 문명과 미가 현현한다.

2) 예수의 두 번째 시험은 악마가 예수를 이끌고 올라가서 천하만국을 보이며 만약 네가 나에게 절하면 이 모든 왕국의 권위와 영광을 네게 넘겨주겠다는 것이다. 이 두 번째 시험은 우리가 단지 생계의 유지만을 필요로 하는 존재가 아니라 인간적인 삶과 존중감을 위해서 '명예'와 '이름'과 '권위'를 요청하는 것과 관련이 있다.

인간적 삶은 생명적 삶의 유지를 위한 필요를 넘어서서 이름을 원하고 거기서 얻어지는 존귀함과 명예를 원한다. 우리 삶은 각자가 나름의 공적 인간으로서 고유한 역할을 수행할 수 있기를 바라며 그러한 자신만의 고유성이 공공적으로 인정되기를 원한다. 그러므로 하나님의 나라는 이러한 이름의 물음과 관계가 있고, 그래서 예를 들어 오늘날 교회에서 십자가 희생과 신앙적 겸양의 이름으로 여성들을 여전히 익명성의 봉사에 묶어두려는 것은 옳지 않다.

이번에도 예수의 대답은 거기서 더 나아간다. 그는 자신에게 절하

면 세상의 모든 권세를 주겠다는 악마의 시험에 대해 "주 너의 하나님
께 경배하고 다만 그를 섬기라 하였느니라"고 응대하였다. 인간 삶에
서의 의(義)에 대해서 주옥같은 이야기를 많이 해준 유교 전통의
맹자도 '인작'(人爵: 사람이 주는 벼슬)과 '천작'(天爵: 하늘이 준 벼
슬)을 구분하였다. 그러면서 우리가 밖의 명예(人爵)에 그렇게 집착
하는 것은 스스로가 선함과 바름을 쌓지 못했기 때문이고, 덕(德)과
의(義)를 잘 쌓으면 남이 알아주지 않더라고 유유할 수 있다고 지적
한다(『맹자』「盡心」下).

　　그는 사람마다 하늘이 내려준 벼슬이 있는데 사람들이 그것을 잘
구하지 않는다고 지적한다. 그에 따르면 사람은 누구나 살고자 하고
죽는 것을 싫어하지만 그 살고자 하는 것보다 더 원하고, 그 죽는
것보다 더 싫고 미워하는 것이 있는데, 그것은 바로 자신의 인간으로
서의 명예를 버리면서 불의와 짝하는 것이라고 했다. 인간에게는
생(生)보다도 의(義)를 더 중하게 여길 수 있는 '사생취의'(捨生取
義: 목숨을 버리고 의를 취한다)의 힘이 있다는 것을 지시한 것이다.
예수가 악마에게 시험받으신 것 중의 하나가 바로 이것이고, 하나님
의 나라는 그리하여 우리의 목숨보다도, 단순한 인간적인 명예보다
도 더 큰 하나님의 뜻과 의를 구하는 일과 관계있다는 가르침이겠다.

　　3) 마지막 세 번째 시험은 악마가 다시 예수를 예루살렘으로 이끌
고 가서 성전 꼭대기에 세우고 "네가 만일 하나님의 아들이거든 여기
에서 뛰어내려 보아라"는 것이었다. 예수가 생명을 걸고서도, 온갖
명예를 보상으로 준다고 하더라도 자신의 본분을 포기하지 않자 이

제는 그의 신앙의 근거인 하나님의 능력을 시험하려는 것이었다. 나는 이것을 예수 인격과 신앙의 '지속성'(誠)과 '성실성'(信)에 대한 시험이라고 생각한다. 그것은 우리가 많은 어려움 가운데서 끝까지 하나님에 대한 신앙과 신뢰를 지키지 못하고 포기하고 당장 효과를 가져다주는 어떤 해결을 바라면서 우리의 신앙을 마술과 요술 방망이처럼 여기는 유혹을 극복한 것이라고 여긴다. 그 시험에 대해서 예수는 대답하시기를, "주 너의 하나님을 시험하지 말라"고 했다.

앞의 맹자도 '선'(善)이 무엇이며, '믿음'(信)이 무엇인가라는 질문에 대해서 "善이란 우리가 추구할 만한 것"(可欲之謂善)이고, "신앙(信)이란 우리에게 있는 것"(有諸己之謂信)이라고 대답했다. 나는 맹자가 말한 믿음의 의미를 '우리 몸에 있게 하는 것'으로 풀고자 한다. 즉 믿음이란 善이 진정으로 좋아서 그것을 실현하기 위해서 고심하고 몰두하여 우리 몸에 있게 하는 것이고, 이것은 하나님의 나라(善)를 꿈꾸는 것을 통해서 그것이 진정으로 우리 몸과 우리 공동체에서 체현되고 실현되는 데까지 지속적으로 힘쓰고 애쓰는 행위임을 가르치는 것으로 이해해본다.

그러나 오늘 우리 시대에는 많은 종교인들이 신앙과 믿음을 말하면서도 각종 로또와 투기에 귀를 기울이고, 점집이 더욱 흥행하며, 심지어는 젊은이들까지도 그런 곳을 찾는다고 하니 그것은 바로 끝까지 자기 몸에 체현될 때까지 신앙을 지키지 못하는 것의 반증이라고 할 수 있다. 예수의 세 번째 유혹에 대한 물리침은 우리가 많이 말하는 믿음(信)은 단지 마음과 의지의 문제만이 아니라 그것을 구체적으로 몸에 체현하는 일까지를 포함하는 것임을 가르친다. 그래서 또 다른 유교의 고전 『중용』도 "성실한 것은 하늘의 길이고, 그 성실을 행하는 것이 인간의 길이다"(誠者 天之道, 誠之者 人之道 也)라고 했다. 예수의 세 번째 시험에서 악마가 물러간 것처럼 우리의 지극한 성실과 넘어지지 않는 믿음은 우리 시대의 어둠을 물리친다.

오늘 한국 기독교의 행태는 자기 노예성과 자기 아성에 빠져 있는 나쁜 보수주의의 모습이다. 그것은 근본적으로 불신앙이거나 사이비 신앙인 종교적 근본주의이다. 왜냐하면 오늘 우리 시대에 요청되는 진실한 신앙이란 "희망을 잃는 것이 고통스러운 것이 아니라 희망을 잃을 수 없기 때문에 고통스럽다. 희망을 가진 자라서 고통스럽다"[8]는 것을 체인하면서 다름에 대한 관용과 더불어 참된 영원성에 대한 염려와 추구로 살아가는 것이어야 하기 때문이다.

앞에서 지적한 대로 오늘 한국 사회의 자본주의는 한국인들의 삶을 "사탄의 맷돌"처럼 갈아먹고 있다. 세월호 참사는 그 와중에서 인간 생명과 주변의 존재를 사적 개인들의 부의 축적과 무한정한 성공과 성취를 위해서 남겨두는 것이 없는 21세기적 제국주의의 변종으로 볼 수 있다. 그렇다면 이제 어떻게 우리가 다시 주변의 만물을 나와 부귀와 성공을 위한 도구가 아니라 그 안에 스스로 존재에의 요구와 권리를 담지하고 있는 참 생명(生)으로 알아볼 수 있을까가 관건이 된다. 어떻게 하면 우리가 '오래된 것'(長), '지속적인 것'(親)의 소중함을 알아보고 그것을 우리 삶의 토대로 삼고서(信) 서로 믿고 살아가는 인간성(仁)을 다시 회복할 수 있을까?

---

8) 울리히 벡, 홍찬숙 옮김, 『자기만의 신』(도서출판 길, 2013), 23쪽.

5. 물질주의 극복의 보편적 토대

이런 물음들 앞에서 아주 긴박한 상황이었기 때문에 물론 다르게도 생각해볼 수 있지만, 나는 평소처럼 어른들의 말을 '믿고' 그들의 지시에 따라 자신의 자리를 지키고 있었고, 자신이 움직이면 다른 사람들에게 '피해가 갈까 봐'(羞惡之心) 무섭고 떨렸지만 함께 자리를 지키고 있었던 아이들의 마음에 대해 다른 이해를 해본다. 즉 그가만히 있던 행위로 단순히 잘못된 교육과 문화의 결과로만 볼 것이 아니라 오히려 믿으라는 말을 해놓고 그 말을 지키지 않은 기성세대의 거짓과 불성실과는 달리 아이들 속에 그래도 그 혹독한 학창의 삶에도 불구하고 남아 있는 '배려'와 '순진무구'의 마음으로 이해해볼 수는 없을까 하는 것이다.

그래서 그 믿음이, 인간 행위의 가장 고유한 표현인 믿을 수 있고 약속할 수 있는 마음의 흔적이라고 보고, 그래도 그 마음속에서 우리 시대의 신뢰의 그루터기, 믿음의 근거를 찾아야 하는 것이 아닐까 생각해본다: "○○아! 내 구명조끼 얼른 네가 입어!", "물이 차오른다. 빨리 나가. 너희 다 구하고 나도 따라갈게!", "누나는 너희 다 구하고 나중에 나갈게. 선원이 마지막이야.", "통장에 돈이 좀 있으니 큰아들 학비 내라. 난 지금 아이들 구하러 가야 해. 길게 통화 못 해. 끊어⋯."9)

그런데 여기서 한 가지 더, 그러한 마음을 길러준 곳이 학교라기보

---

9) "한겨레 참사 인물 극과 극", 〈한겨레신문〉 2014. 5. 13.

다는 우리의 가정과 가족이 아니었을까? 모든 그럼에도 불구하고 대한민국 엄마들의 사랑과 모성이 그 아이들의 믿을 수 있는 능력과 서로 배려할 수 있는 평상심을 키운 것이 아닐까? 어떤 제도적인 종교 단체에서의 활동이나 인식적인 가르침보다도 '지속적으로', '일상의 삶'에서 어린 시절로부터의 친밀과 사랑의 관계 속에서 그러한 생명 존재의 '근본 힘'(仁之本, Grundkraft)이 길러진 것이 아닌지, 그것이 바로 우리가 부인해버릴 수 없고, 또한 그래서도 안 되는 인류 공통의 오랜 선한 흔적이 아닌지 생각해본다.

어린 시절 미래의 교육을 위해서건, 또는 부모 세대의 도를 넘는 검약과 인색 — 이것도 결국 미래에만 모든 것을 맞춘 삶의 태도 — 을 통해서건 아이들의 몸과 현재적 감정들이 따뜻하게 배려되지 못하고 너무 이른 시기부터 지식 공부에 내몰리고, 기본적인 욕구와 필요물이 채워지지 않을 때 그러한 아이는 나중에 커서 더욱 물질주의적이 되고, 실천력이 떨어지고, 공감의 능력이 떨어진다는 오래된 교육적 지혜들을 경청해야 한다.[10] 그런 의미에서 오늘 한국 사회에서 영유아의 교육을 모두 집 밖으로 내몰고, 그 어린 시절부터 오로지 미래의 성취만을 위해서 지식 교육의 경쟁에로 내모는 것은 마치 더 큰 효율과 이익을 위해서 핵에너지를 사용하는 것처럼 건드려서는 안 되는 것까지 건드리는 것으로 비유할 수 있다.

그런 근본적인 힘을 길러주는 가정과 가족의 삶이 건강하게 지속

---

10) 이은선, "어떻게 행위하고 희락할 수 있는 인간을 기를 수 있을 것인가? - 양명과 퇴계 그리고 루돌프 슈타이너", 『생물권정치학시대에서의 정치와 교육 - 한나 아렌트와 유교와의 대화 속에서』(도서출판 모시는사람들, 2013), 306쪽.

될 수 있도록 지지대가 되어주는 정치와 교육과 교회가 시급하다. 또 하나의 경쟁과 효율의 각축장이 아니라 그렇게 인간의 근본적인 힘을 길러주는 교회, 스스로가 또 하나의 가족이 되어서 이 땅에서 가족을 구성하지 못하고 가족이 해체되고 경직되어 있을 때 그 역할을 새롭게 해주는 교회, 정의와 평등과 용서와 약속이 실천되는 교회가 되도록 더욱 힘을 써야 한다는 의미이다.

이런 일을 가능하도록 하기 위해서 예수가 돌아가시면서 마지막으로 제자들과 그 어머니와 나누신 대화를 생각해본다. "예수께서는 자기 어머니를 보시고, 또 그 곁에 자기가 사랑하는 제자가 서 있는 것을 보시고, 어머니에게 '여자여, 이 사람이 어머니의 아들입니다' 하고 말씀하시고, 그 다음에 제자에게는 '자, 이분이 네 어머니시다' 하고 말씀하셨다. 그 때로부터 그 제자는 그분을 자기 집으로 모셨다"(요한복음 19:26-27).

이 성경구절에 근거해서 지난 10월 2일(목) 오후 7시, 대한문 광장에서 있었던 '제3차 감리교시국기도회'에서의 말씀 선포 "보라! 네 어미, 우리의 자식이 아니었던가?"는 큰 울림을 준다. 오늘 세상의 모든 불의와 부패와 부정의 희생자가 된 세월호의 아이들과 희생자들이야말로 우리 시대의 십자가를 지고 간 예수이고, 지금 그 아이들을 위해서 울고 있는 세월호 유족의 어머니들이야말로 바로 우리 시대의 마리아, 예수가 부탁한 어머니라는 말씀이었다. 그 어머니들을 우리의 어머니로 보듬음으로써 십자가의 예수를 다시 부활시키는 일을 말하는데, 오늘 물질주의에 매몰된 한국 사회와 교회가 나가야 할 길을 잘 밝혀준다.

세월호 참사 이후에 신학자로 산다는 것

"당신은 무슨 권한으로 이런 일을 합니까? 누가 당신에게 이런 일을 할 수 있는 권한을 주었습니까? … 나도 너희에게 한 가지를 물어보겠으니, 나에게 대답해 보아라. … 요한의 세례가 하늘에서 온 것이냐, 사람에게서 온 것이냐?"(마가복음 11:28-30)

1. 오늘은 세월호 참사 200일을 이틀 앞두고 있는 날입니다. 4·16 이후 시간이 흐르는 동안 우리 사회와 삶의 많은 것들이 깨어져나 갔습니다. 국가와 대통령의 권위, 법원과 경찰과 국회의 권위, 종교인과 교회의 권위, 언론의 권위 등, 그동안 우리 사회와 삶을 지탱하고 유지하는 데 큰 역할을 했고, 근간이 된다고 여겨지던 것들이 뿌리부터 흔들려서 무너져내리려고 있습니다. 이런 가운데 신학자들이 여

기 모였습니다. 그래서 저는 묻고자 합니다. 우리 신학의 권위는 어떻습니까? 그것은 안전한가요? 여전히 우리의 말과 언어가 어떤 의미를 주고 있나요?

2. 세월호 참사와 관련해서 여러 모임에서 유족들의 증언을 간간히 들었습니다. 그들은 지금 크게 흔들리고 있습니다. 그중에서도 지금까지 자신들이 지녀왔던 신앙이 흔들리면서 가장 큰 고통을 받는 것 같습니다. 지금까지 착하고 성실하게 하나님을 믿으면서 살아왔는데, 왜 나에게 이러한 일이 일어났는지? 내가 무슨 잘못을 크게 해서 이런 끔찍한 일을 겪게 되었는지? 그렇다면 그렇게 갑자기 떠난 내 아이는 지금 어디에 있는지? 앞으로 무엇에 의지해서 어떤 기대를 더 품고서 살아갈 수 있는지? 존재한다고 믿어왔던 하나님이 정말 그렇기나 하며, 그래서 더 이상 믿지 않겠다고 저주하며 외면하고자 하지만 그러나 그럴 경우 다시 더 큰 화나 당하는 것은 아닌지, 이런 불안에 떤 생각들을 하면서 이들의 질문과 의문과 분노와 절망은 절절하고 끝이 보이지 않는 무근저로 내려갑니다.

3. 이런 질문들 앞에서 신학자로서 우리는 지금 무엇을 하고 있습니까? 혹시 오늘 우리도 예전 예수 시대의 바리새파 율법학자나 대제사장들처럼 우리의 답이 더 이상 권위가 되지 못하고, 기능하지 못하며, 오히려 사람 잡고 생명 죽이는 인식일 수 있다는 것을 보려 하지 않으면서 부정직과 불성실, 나태와 태만, 찰나적인 쾌락과 자기만족에 빠져 있는 것은 아닌지요? 위의 세월호 민중들의 질문을 들어보면

그들의 질문이 오히려 우리의 그것보다 더 치열하게, 더 근본적으로 고민하고 묻는 것 같습니다. 그들은 자신들의 상황과 마주하여서 큰 고통 속에서 어떻게든 답을 찾으려고 몸부림치지만 거기에 응답하는 한국 교회와 신학의 목소리는 그다지 잘 들리지 않습니다. 대신 지금까지 그들의 수고와 헌신으로 크게 성장한 교회들은 그들을 매도하고, 그들의 정당한 질문을 짓밟고, 앞의 마가복음에서 당시의 신학자들이 예루살렘 성전의 타락과 부패에 분노하며 항거하는 예수에 대해서 네가 무슨 권한과 권위로 그런 일을 하느냐고 힐책하는 것처럼 오늘의 신학자들도 그렇게 잘못되고 왜곡된 권위주의에 빠져 있는 것은 아닌지 묻고 싶습니다.

4. 예수는 억눌리고 가난한 사생아 청년으로서 당시의 하나님 신앙을 근본에서부터 흔들었습니다. 당시의 성령론과 공동체론을 밑동에서부터 흔들어서 새로운 세상을 열었습니다. 오늘 21세기 한국 교회가 그 예전 예수에 의해서 전복된 유대교의 모습과 거기서의 신학자와 제사장들과 거의 유사하게 닮아가고 있다는 지적이 비등한 가운데 세월호를 같이 겪은 후에도 시대와 시간이 그대로 갈 것이라고 믿는 우리는 도대체 어떤 사람들입니까? 오늘 우리 시대와 세월호 유족들이 그들 신앙적 뿌리의 흔들림으로 인해서 괴로워하고 있을 때 우리는 과연 그들의 고민과 고통을 얼마나 진지하게 경청하고 있는지요? 오히려 과거의 입에 발린 언어만을 반복하면서, 진실된 공감이라는 것과는 점점 더 거리가 멀게, 심지어는 '세월호 피로'를 이야기하는 사람들에게 동조하고, 그런 교회에서 설교하고, 예수를

죽인 바리새인만큼도 두려워하지 않으면서, 기존의 권위와 우리 자신의 안정에만 매달리는 것은 아닌지 생각해볼 일입니다.

6. 그런데 사실 지난 인류의 역사를 되짚어보아도 세상을 진정으로 바꾸고, 더 이상 기능하지 않고 작동하지 않는, 그래서 일부 특권계급의 이익에만 봉사하는 낡은 실체론의 말과 법과 인식을 흔들어 온 것은 민중이었고, 그들과 함께한 소수의 창조자들이었습니다. 그 가장 대표적인 예가 민중 예수였고, 한국 사회에서도 한국 노동운동의 물꼬를 튼 사람도 초등학교도 제대로 다니지 못한, 그래서 노동법을 공부할 때 옆에서 도와줄 대학생 친구 한 명만 있으면 좋겠다고 소원했던 전태일이었습니다. 그런 변방의 전태일이야말로 참된 예수였다는 말을 가장 진정으로 들은 것을 우리는 잘 알고 있습니다. 또한 한국 가족법을 흔든 것도 지금까지 법 공부와는 거리가 멀다고 여겨지던 여성들이었습니다.

6. 우리가 알다시피 기독교 역사에서 세계의 교회들은 그들 국가와 사회에서 도저히 용납할 수 없는 끔찍한 일들을 겪으면서 그런 일들이 없었다면 생각하지도 못했을 새로운 신 이야기와 '새로운 성스러움'(une sainté nouvelle)을 발견해왔습니다. 제1, 2차 세계대전과 나치의 독재는 칼 바르트와 본회퍼를 낳았고, 엘리 비젤(E. Wiesel)과 시몬느 베이유(S. Weil) 등을 통해서 아주 전복적인 방식으로 새롭게 신에 대해서 물었습니다. 저는 오늘의 세월호 참사가 한국 신학자들에게 그런 계기가 될 수 있지 않을까 생각해봅니다.

그래서 오히려 한국 교회와 사회를 위해서 다시 하나의 기회가 될 수도 있다고 보면서 그 기회 앞에 한국의 신학자들이 어떻게 성실하게 묻고 답할 수 있을까에 대해서 성찰합니다. 오늘 우리 시대에, 세월호와 더불어 우리 신 이야기가 밑동에서부터 흔들리고 있는데 과연 우리는 우리 전통의 신의 죽음을 선포하며 새로운 성스러움을 찾아나서는 일에 준비가 되어 있는지요?

7. '권위'(authority)란 말은 '증진시키다, 증대시키다'(augment) 라는 말과 같은 연원을 갖는다고 합니다. 즉 참된 권위란, 암묵적으로라도 사람들이 진심으로 인정해주는 권위란, 한 주체의 행위와 삶이 진정으로 그가 속한 공동체의 삶과 생명을 증진시키고 증대시키는 데 기여했을 때 주어지는 것이라는 가르침입니다. 오늘 세월호를 겪고서 세월호의 직격탄을 맞은 사람들의 흔들림 앞에서 우리가 그 흔들림을 얼마나 진지하게 우리 자신의 것으로 받아들이고 그것을 풀기 위해 함께 씨름했나에 따라서 한국 신학과 교회의 권위가 세워질 것이며, 그런 건강한 권위는 한 공동체를 살리고 증진시키는 생명줄이 됩니다. 그래서 우리는 예전 우리의 부활과 구원과 그리스도와 영생의 언어를 어떻게든 새롭게 가다듬어야겠습니다.

8. 그러나 그림에도 불구하고 저는 이세 마지막으로 이런 우리 시대와 교회와 신학의 모든 무감각과 무책임을 넘어서 다시 아우구스티누스의 말, "새로운 시작이 있기 위해서 인간은 창조되었다. 이 시작은 각자의 새로운 탄생에 의해서 보장된다. 참으로 모든 사람이

시작이다"는 말을 저의 마무리 말로 가져오고자 합니다. 우리가 태어났다는 단순한 그 사실이 바로 우리가 어떠한 경우에도 새로 시작할 수 있는 근거가 된다는 것, 그것은 부인하려야 부인할 수 없는 우리 창조적 행위의 보편적인 토대가 된다는 것, 그것과 더불어 우리 시대에 존 카푸토(J. D. Caputo)가 다시 되새긴 언어, "내가 나의 하나님을 사랑할 때 나는 진정으로 무엇을 사랑하는 것인가?"를 우리 시대의 질문으로 내놓고자 합니다. 세월호 이후 한국의 신학자로서 부끄럽지 않도록, 다시 우리 사회와 교회와 그 공동의 삶을 새롭게 하도록 한국의 신학자들이 이 질문에로 불리어졌고, 더군다나 종교개혁 500년의 도래를 몇 년 앞두고 있는 신학자로서 우리의 일은 바로 거기에 대한 성실한 답에 있다고 생각합니다. 지금까지 우리에게 친숙했던 신의 죽음을 감내하면서 새로운 성스러움을 함께 찾아나서는 용기가 참으로 필요한 때입니다.

(2014. 10. 30. 신학자들이 함께하는 기도회에서)

세월호 참사, 神은 죽었다,
나의 내면의 神은 이렇게 말한다

"예수께서 성전에서 가르치실 때에, 이렇게 이르셨다. "어찌하여
율법학자들은, 그리스도가 다윗의 자손이라고 하느냐? 다윗이 성령
의 감동을 받아서 친히 이렇게 말하였다. '주께서 내 주께 말씀하셨다.
'내가 네 원수를 네 발 아래에 굴복시킬 때까지 너는 내 오른쪽에 앉아
있어라.' 다윗 스스로가 그를 주라고 불렀는데, 어떻게 그가 다윗의
자손이 되겠느냐? 많은 무리가 예수의 말씀을 기쁘게 들었다."(마가
복음 12:35-37)

"그러나 사실은 인간적인 행위를 통해서 비로소 이루어지는 것이
다."(루돌프 슈타이너, 『자유의 철학』)

1. 시작하는 말

지난 2014년 4월 16일 대한민국 서해안 진도 앞바다에서 일어났던 세월호 참사가 이제 잊지 못할 수많은 장면들을 남겨놓고 시간 속으로 들어가고 있다. 세월호는 어느 누군가에게는 이제 그와 더불어 그 모든 이후가 끊어진 대폭발일 수 있고, 어느 누군가에게는 그저 또 하나의 사건 사고일 수 있다.

비교적 최근의 잊을 수 없는 한 장면은 지난 10월 29일 박근혜 대통령이 국회 시정연설을 위해서 국회 본관을 찾았을 때의 일이다. 대통령은 빨간 카펫 위를 다른 국회위원들과 수많은 경호원들의 호위를 받으며 웃음 띤 얼굴로 걸어가고, 그 가장자리에서는 그런 그녀를 향해서 세월호 엄마들이 피켓을 들고 "대통령님 살려주세요"를 목청껏 외친다. 하지만 그렇게 추운 밤을 지새우고 마주친 그 장면에서 대통령이 자신들의 외침에 눈길 한 번 주지 않고 지나가자 한 어머니는 피켓 뒤에서 절망하며 고개를 숙이고 굵은 피눈물을 쏟는다.

그 장면을 잊을 수 없다. 어떻게 그렇게까지 엇나갈 수 있을까? 어떻게 그렇게까지 매몰차게 외면할 수 있을까? 같은 여성이고, 같은 대한민국 사람이고, 같은 시대의 사람들이며 같은 인간인데…. 글을 쓰면서도 다시 그 장면이 떠올라 또 눈물이 흐른다. 양쪽 모두를 위해서.

아무리 죽을힘을 다해서 외치고, 눈물을 쏟고, 심지어는 죽기까지 곡기를 끊고서 항변하고 있는 힘을 다해서 삼보일배를 하고 십자가 행군을 해도, 듣지 않고 보지 않고, 돌아보지 않는 사람들이 있다.

사건이 있다. 때가 있다. 그러나 그렇다고 해서 그런 '체제'의 불가능 앞에서 우리 '삶'이 불가능하다고 놓아버릴 수는 없다. 특히 엄마들은 그렇다. 오늘 세월호 아픔에 함께 하는 기독여성연대가 한 자리에 모인 것은 바로 그런 상황을 다시 서로 확인하기 위해서이고, 이제 그런 대통령과 체제를 겪은 뒤 "국가로부터 돌린 고개를 우리 서로를 바라보는 일로 만들"기 위해서이다.[1]

이번 세월호 참사를 겪으면서 한국 국민은 자신들이 지난 세기 동안 '잘살아보세'의 구호 아래 온통 정신을 빼앗기고 살아오면서 어떻게 권력과 자본이 사람의 생명과 삶까지도 상품과 통제대상으로 삼는 지경까지 왔는지를 똑똑히 경험하였다. 그래서 뒤늦게나마 그러한 권력과 체제에 대해서 다시 생명을 귀히 여기고, 우리 삶을 보장하라고 외쳐보지만, 특히 이번 여성 대통령 박근혜 정부의 권력과 체제에서는 그 요청이 거의 불가능의 벽에 대한 것임을 느낀다.

그러나 삶 자체를 포기하지 않을 경우, 아니 포기할 수 없는 경우 그 불가능의 벽에 대응하는 다른 삶의 길을 모색해야 한다. 그것을 두 가지로 살펴보고자 하는데,[2] 그 첫 번째는 그러한 불가능의 체제에 대해서 철저히 고개를 돌리면서 근본적으로 사유하여 그것이 달라질 때까지 그 중단을 요구하는 일이고, 다음으로 그 첫 번째와 더불

---

1) 고병권, 『"살아가겠다"』(삶이보이는창, 2014), 166쪽.
2) 같은 책, 155, 167쪽. 최근 몇 년간 한국 사회에서 일어났던 각종 사회운동과 미국 월가의 점령 운동까지 관찰한 '수유너머' 운동의 멤버 고병권은 그 모든 운동들에서 공통적으로 나타나는 특징을 "살아가겠다"의 생명권 선언으로 정리하면서 거기서의 두 가지 운동 방식을 정리해냈는데, 나는 이번 세월호 이후의 신학을 구성하면서 그의 관찰과 제안에 많은 시사와 감동을 받았다.

어 같이 이루어져야 하는 방식으로 우리가 대안으로 생각하는 삶의
방식을 직접 함께 우리의 일상으로 이루어내자는 것이다. 이 두 가지
방식에 대한 성찰이 지금부터 이어지는 내용이다.

2. 한국 교회 체제의 불가능성과 세월호

세월호 참사와 더불어 그동안 우리 삶을 지배해온 지배적 가치 체
제 중에서 우리가 또 하나의 '불가능'이라고 발견한 체제가 한국 교회
였다. 물론 세월호가 있기 전에 이미 한국 교회는 '개독교'라는 말을
들을 정도로 세속의 정치권력 못지않게 권력과 돈의 노예로 타락한
모습을 보여주었다. 하지만 이번 세월호 참사 앞에서 한국 교회가
더욱더 적나라하게 보여준 모습은 그 자신이 더 이상 생명의 해방구
가 되지 못한다는 것이었다. 그동안 '神'을 믿고, '이웃 사랑'을 실천하
며, '하나님 나라'의 도래를 소망하며 살아간다고 천명해온 그룹으로
서 한국 교회는 세월호의 끔찍한 생명 죽임의 폭력, "죽음의 대량화,
목숨의 계량화, 통곡의 장기화"[3] 앞에서 속수무책의 반생명의 민낯
을 보여준 것이다.

세월호의 직격탄을 맞은 안산 화정감리교회 박인환 목사는 지난
8월 세월호 특별법 서명을 위한 숱한 노력에도 서울의 그 많은 교회
로부터 겨우 250명 정도의 서명을 받았을 뿐이라고 밝힌다. 700명
모이는 어느 교회에서는 65명만이 서명을 했을 뿐이고, 그래서 이런

---

3) "세월호 참사 진상규명을 염원하는 천주교 130190인 선언", 〈한겨레신문〉 2014.
   11. 10. 월요일 1면.

일을 겪으면서 세월호 유족들로부터 "교회는 교회 안에서만 사랑하는 거야?"라는 말을 들었다고 한다.4)

21세기에 들어와서 서구 자본주의 국가 문명에 대한 근본적인 회의를 이끄는 데도 여전히 역할을 하고 있는 19세기의 니체는 그의 말년의 저서 『안티크리스트(*Der Antichrist*)』에서 당시의 기독교가 구사하는 '은총'이나 '구원', '용서'를 포함한 죄와 벌의 개념, '구세주' 등의 교설은 모두 "원인에 대한 인간의 감각을 말살하기 위한 고안"이고, "원인과 결과라는 개념에 대한 폭행"이라고 세차게 비판하였다.5)

나는 이 비판이야말로 오늘 세월호 참사로 인해 고통 받고 있는 유족들이, 특히 그들이 신앙 문제로 더욱 괴로워하고 있는 상황에서 꼭 들었으면 좋은 지적이라고 생각한다. 오늘 유족들이 어처구니없는 권력과 자본의 횡포로 자신 존재의 근거가 잘려나간 것과 같은 아픔 속에 빠져 있지만, 교회는 쉽게 '용서'를 말하고, 하나님의 '벌'을 말하며, 지금까지의 '구원'과 '부활'에 대한 값싼 이야기를 인습적으로 반복한다. 그리고 정작 그 참사에서 가까스로 비켜 앉은 자신들은 손 하나 까딱하지 않고서 자신들의 그러한 언어가 세월호 참사의 원인에 대한 사람들의 감각과 의식을 호도하고 말살시킬 수 있는 일이라는 것은 생각지 않으면서, 세월호 이후에도 시대와 시간이 그대로 변하지 않고 갈 것이라 믿으며 무사안일로 지낸다.6)

---

4) 좌담 "진실까지 침몰하도록 둘 것인가?", 〈샘〉, 계간 제39호(2014. 9), 26쪽.
5) 프리드리히 니체, 박찬국 옮김, 『안티크리스티』(아카넷, 2013), 121쪽.
6) 이은선, "세월호 참사 이후에 신학자로 산다는 것", 〈신학자들이 함께 하는 기도

니체는 그와 유사한 과거 기독교의 행태에 대해서 "가장 비겁하고 가장 교활하며 가장 저열한 본능에서 비롯된 폭행"이라고 했다. 그것은 "기생충의 폭행"과 같은 것이며, "인식을 위한 전제조건을 파괴해버린 셈"이라고 비난하였다.[7] 나는 오늘 대부분의 한국 교회가 세월호와 관련해서 보여준 행태가 바로 그런 것이었다고 여긴다.

3. 신은 죽었다. 나의 내면의 신은 이렇게 말한다
— 세월호 교회 구성의 새 원리

"사제는 죄를 고안함으로써 지배하는 것이다." 이 말은 다시 니체가 자기 시대의 부패한 기독교와 성직자에 대해 가한 질책이지만 나는 오늘 한국 개신교의 상황을 이보다 더 잘 표현해주는 언술이 없다고 생각한다. 이제는 언론 뉴스의 단골 메뉴가 되어버린 정도로 어느 교회, 어느 목사는 어떠어떠한 '죄사함'의 목록으로 신도들의 돈을 거의 '갈취'하는 수준에서 '헌금'을 받아냈다고 하고, 십일조를 내지 않는 '죄'는 가족 구성원을 암에 걸리게 하고, 자살 충동을 갖게 한다고 협박을 일삼는다.

사태가 이러하니 오늘 세월호 참사의 와중에서 그렇게까지 비참한 일을 '허용한' 신에 대해서 고개를 돌리고, 그런 불의를 당했는데도 함께해주지 않는 교회에 대해서 더 이상 같이 할 수 없다고 선언하고 싶지만 선뜻 그렇게 하지 못하는 사람들의 두려움과 불안을 충분

회〉 낭독(2014. 10. 30.), http://www.ecumenian.com.
7) 프리드리히 니체, 같은 책, 121-122쪽.

히 이해할 수 있다.

　상황이 그렇지만 나는 이제 우리가 용기를 내어서 그런 신은 죽었다고 선언해야 함을 감히 말하고자 한다. 그러면서 지금까지 우리가 믿어왔던 신은 일종의 "(우리) 하인으로서의 신, 우편배달부로서의 신, 일기예보자로서의 신" 등이 아니었나 하는 반성을 해보면서8) 거기서 용기 있게 등을 돌리는 일을 이제는 해야 한다는 것이다. 이번 세월호를 통해서 그런 방식으로 믿어왔던 신과 교회는 우리 생명과 삶에 대해서 세속의 정치권력과 별로 다르지 않게 거의 '불가능'으로 드러났다. 그래서 만약 그렇다면, 그렇게 거기서 더 이상 어떤 구원의 가능성과 생명적 삶의 미래를 기대할 수 없다면 그곳으로부터 떠나는 것이 옳고, 비록 '대책 없이' 떠난다 해도 그 떠남이 지금까지의 그 체제의 관리자들에게 "가장 무서운 사태"가 될 수 있음을 인식하며 용기를 내야 한다는 것이다.

　지난 몇 년간 한국 사회에서 일어났던 일련의 노동운동과 장애인 운동, 스스로 대학을 떠나는 대학교육 거부운동, 밀양 송전탑 반대 운동, 탈성매매 여성들의 자활운동 등을 톺아 보면서 우리 시대 사회운동의 새로운 방향과 가능성을 발견하는 고병권은 오히려 그렇게 신자유주의 자본주의 체제의 불가능성에 도전하며 대책이 없지만 길을 떠난 사람들의 운동에서 "'데모스의 힘'이 지닌 거대한 창조성"을 본다고 고백한다. 그것은 그들의 그 "고집스러운 '대책 없음'"이 아니었으면 바꿀 수 없는, 우리를 수백 년간 지배해온 가치들과 시각

---

8) 같은 책, 130쪽.

들과 비전들을 바꾸는 "데모스의 창조성"의 경험이라고 밝히는데,9) 나는 그 말을 오늘 세월호의 참사를 맞이하고 있는 한국 기독교와 교회의 변환과 전복을 위해서도 그대로 적용하고 싶다. 고병권은 그의 책 서두에서 "니체는 진지하고 정직한 기독교인들이라면 '상당히 오랫동안 기독교 없이 생활해야 할 의무가 있다'는 말을 했다"고 쓰고 있는데, 나는 이 말을 오늘 세월호 참사를 당한 한국의 기독교인들에게 하나님이 건네시는 언어가 아닌가 생각한다.10)

우리가 세월호를 몰랐을 때 인류가 겪은 끔찍한 경험 중 으뜸이라고 이야기되는 제2차 세계대전 당시의 유대인 학살의 현장에서도 하나님과의 유사한 새로운 만남의 이야기가 전해진다. 그중 이번에 에티 힐레줌(Etty Hillesum, 1914-1943)이라고 하는 한 네덜란드 출신의 유대인 여성 이야기를 전하고자 하는데, 그녀는 아우슈비츠 유대인 수용소에서 살해되기 전까지 쓴 『사유하는 가슴(Das den-kende Herz)』이라는 일기장을 남겼다.

거기에는 그녀가 어떻게 전통의 군림하는 신, 외부에서 체제의 주인으로서 명령하고 기적을 행하고 서비스하는 신이 아니라 그녀의 또 다른 나로서, 그녀 내면의 깊은 목소리로서, 이제 그녀 스스로에게 오히려 신을 대신해서 신을 돕는 자가 되어서 그 끔찍한 야만의 현장에서도 인간이 그 인간성을 잃지 않을 수 있다는 것을 보여줄 것을 요구하는 신과의 대화가 잘 나타나 있다.11) 그녀는 거기서 철

9) 고병권, 같은 책, 132쪽.
10) 같은 책, 9쪽.

저한 이타의 사람이 되어서 자신을 도울 수 없는 신을 오히려 그녀가
돕고, 그와 같은 죽음의 상황에서도 결코 '인간다움'과 '인간성'이 파
괴될 수 없다는 것을 보여주면서, '인간성 자체'(仁), '인간다움의 기
초'(性)로 내재해 있는 신의 모습을 감동스럽게 보여준다.[12]

　그녀는 신에게 마치 자기 자신에게 이야기하듯이 이야기한다.[13]
그녀는 신에게 이 죽음의 현장에서 자신을 빼내주고 구해달라고 기
도하지 않는다. 오히려 그녀 자신이 자신들을 그렇게 도와줄 수 없는
신을 도와주겠다고 말한다. 이 비인간의 현실에서도 신의 내재인
인간다움을 잃지 않고, 서로 배려하고, 삶과 생명의 영속성에 대한
깊은 믿음을 가지고, 더 근본적인 깊음 속에서 내면의 평안과 기쁨을
잃지 않고, 그래서 다른 사람들 속에서도 그 신적 내재의 인간성을
알아보고 그들을 도와주고, 위로해주고, 죽음의 순간으로 가는 끝까
지 그들과 함께하며 그들의 인간성을 북돋우는 것, 그들 속의 신성을
인식하도록 도와주는 것, 그것을 그녀는 이제 예전의 방식으로 자신
들을 돕지 않을 것이 확실한 신을 오히려 자신이 돕는 일로 이해한
것이다:

---

11) 이번 세월호의 상황에서 가장 많이 거론된 책 중의 하나인 『위험사회』의 저자
　　독일의 사회학자 울리히 벡(Ulrich Beck)은 세계시민적 탈근대 시대에는 신
　　의 모습도 "자신 고유의 신"(der eigene Gott)을 지향한다고 하면서 그 가장
　　대표적인 예로서 에티 힐레줌의 하나님을 들었다. 울리히 벡, 홍찬숙 옮김, 『자
　　기만의 신』(도서출판 길, 2013).
12) 이은선, "세월호 참사 이후의 한국 교회 여성과 정치", 〈기독교사상〉(2014.
　　7.), 169쪽.
13) *Das denkende Herz, Die Tagebuecher von Etty Hillesum 1941-1941*, Rowohlt, 24.
　　Auflage 2013, p.7.

"나의 하나님, 아주 끔찍한 시간들이에요. 오늘 처음으로 타는 듯한 눈으로 잠을 이루지 못하며 어둠 속에서 누워서 인간적인 고통의 많은 상들을 내게 떠올렸어요. 당신께 아주 작은 것밖에 약속드릴 수 없어요. 미래에 대한 나의 염려를 무겁게 오늘 여기에 걸쳐놓지 않겠다는 것이지요. 그러려면 확실한 연습이 필요해요, 한 날의 염려는 그날에 족하다. 내가 당신을 돕겠어요, 당신이 나를 떠나지 않도록, 처음부터 보증할 수는 없어요. 그러나 단 한 가지가 나에게 점점 더 확실해져요, 당신이 우리를 도울 수 없고, 오히려 우리가 당신을 도와야 하고, 그렇게 해서 마지막에는 우리 스스로가 우리를 도와야 한다는 것이지요. 그것이 바로 우리 속에 들어와 있는 당신의 한 조각, 하나님을 구해내는 유일한 일이지요. 그리고 아마도 그 일을 통해서 우리가 고통으로 찢어지는 다른 사람들의 가슴 속에 다시 당신을 부활시키는 일을 도울 수 있을지 모르겠어요. 나의 하나님, 상황이 크게 변할 수 있을 것 같지는 않아요, 그게 우리 이생에 속하는 것들이지요. 당신에게 어떤 변명과 변론을 요구하지 않겠어요. 당신이 나중에 우리에게 변명을 요구할 것이지요. 그리고 거의 매번 심장이 뛸 때마다 나에게 점점 더 확실해져요, 당신이 우리를 도울 수 없고, 대신 우리가 당신을 도와야 한다는 것, 그래서 우리 깊은 속의 당신의 보금자리를 우리가 마지막 순간까지 지켜내는 것. … 나의 하나님, 내 안의 당신과 이런 대화를 통해서 점점 더 안정을 찾아가요. 다음에도 계속 이런 대화를 많이 나눌 것이고, 나를 떠나가려는 당신을 이렇게 막을 거예요. 나의 하나님, 당신도 앞으로 어려운 시간을 보낼 거예요. 그러나 저를 믿으세요. 저는 계속 당신을 위해서 일할 것이고, 당신에게 충실히 머무를 것이며, 그리고 당신을 내 안에서 쫓아버리지 않을 거예요."14)

이렇게 눈물 나는 기도를 올리면서 에티 힐레줌은 아우슈비츠에서의 수용소 생활을 철저히 자신의 이타적 사랑의 삶을 통해서 신의 존재 증명이 이루어지도록 하는 책임을 맡은 사람으로 의식하며 살다갔다. 그녀는 그때까지 기독교가 몰랐던 또 다른 모습의 하나님의 존재 증명을 자신의 삶과 믿음과 정신으로 밝혀내는 삶을 산 것이다. 그녀는 그 가운데서의 무수한 고통과 절망과 좌절도 동시에 전한다. 그러면서 그러나 자신이 지금 겪고 있는 모든 것이 자신이 감당해야 하는 "역사의 한 조각"(das Stück Geshichte)을 짊어지고 가는 것이지만 거기에 뭉그러지지 않고 갈 수 있겠다고, 가겠다고 다짐한다.

그녀는 기도하기를,

"내가 당신께 충실하지 못했어요, 하나님. 그러나 아주 완전히는 아니고 또한 짧은 시간이었지요. 그런 절망과 경악을 경험하는 일은 좋아요. 결코 흔들리지 않는 안정을 갖는다는 것은 거의 초인적이지 않나요? 그러나 지금 저는 다시 알아요. 그 모든 절망을 내가 이겨낼 수 있다는 것을요."15)

그녀는 자신이 그토록 의지했던 책이나 읽을거리가 없이도 살아갈 수 있다고 하면서 수용소로 끌려갈 때 가지고 갔던 성서와 릴케의

---

14) Ibid., p.149-150.
15) Ibid., p.153.

시집과 편지묶음이 한없는 위로와 지지대가 되지만 더 근원적인 것은 그녀 내면의 신, 그녀의 또 다른 자신과의 깊은 대화라고 고백한다:

"사람들이 잘 못살아요. 스스로 품위를 떨어뜨리죠. 역사에 대한 의식이 적어요. … 나는 누구도 미워하지 않아요. 원한을 품지 않죠. 이렇게 인간에 대한 보편적인 사랑을 한번 펼치기만 하면 그것은 잴 수 없을 정도로 크게 자라나요. … 모든 것을 짊어져야 해요. 책이나 쓰는 일 없이도 살아갈 수 있어야 하지요. 한조각 하늘이 항상 보일 것이고, 내가 기도를 위해 손을 펼칠 만큼의 공간은 항상 곁에 있을 것이기 때문이죠."16)

나는 세월호의 가족들도 이런 가슴과 마음으로 살아갈 수 있다고 여긴다. 아니 살아갈 것을 요청한다. 더 이상 밖의 하나님과 체제의 신으로 인해서 고통 받지 말고, 자신 속의 하나님을 믿으면서, 바로 이 세월호의 참사를 당해서 그럼에도 불구하고 너 자신이 여전히 인간일 수 있다는 것을 증명하면서, 그렇게 해서 신이 살아 있다는 것과 이웃이 바로 그 신의 한 조각이고, 우리 모두가 역사의 한 조각씩을 지고서 더 좋은 세상으로 넘어가는 길에 길동무임을 자각하면서 계속 가라는 것이다.

여기서 나는 이 길 위에서 오늘 우리가 지고 있는 역사의 짐보다

---

16) Ibid., p.152.

결코 더 가볍지 않았을 짐을 우리가 이야기하는 것과 유사한 신앙을 가지고 지고 간 또 다른 한 사람을 소개하고자 한다. 그는 오늘 우리가 인습적인 외재적 신 대신에 우리 깊은 내면의 신으로 이야기 하는 새로운 신의식과 매우 잘 상관되는 초월의식을 가지고 18세기 조선의 안산에서 살았던 한국 양명학의 창시자 하곡(霞谷) 정제두(鄭齊斗, 1649-1736) 선생이다. 정제두는 우리 마음속의 그 신을 '생리'(生理), 우리 안의 살아 있고, 살리는 생명의 영, 살아 있는 원리로 파악하면서 바로 그 생리에 대한 믿음이 모든 인간을 참 인간으로 변환시킨다고 확신했다.[17]

　여기서 나는 그가 말하는 '생리'가 바로 여성들이, 엄마들이 매달 생명을 낳기 위해서 치르는 '달거리'(menstruation)라는 이름과 같은 것임을 발견한다.[18] 이것을 통해서 바로 오늘 자식을 잃고서, 자신 태의 생산을 잃고서 어찌할 바를 모르는 안산의 어머니들이야말로 우리 시대와 역사에서 다시 생명을 살려내고 지켜내는 생리의 역할로 부름 받았음을 말하고 싶고, 에티 힐레줌이 죽음의 길에서도 깊이 체인했던 책임의식, 자신 속의 내면의 신, 생리의 인간성, 자신 속의 "귀한 생명의 한 조각을 잘 간직하고 보존해서 다음 세대로 넘겨

---

17) 이은선, "내가 믿는 이것, 한국 生物여성정치의 근거 – 한나 아렌트의 '탄생성'(natality)와 정하곡의 '생리'(生理)를 중심으로", 「현대문명과 강화양명학」, 제11회 강화양명학 국제학술대회, 『한국양명학회 자료집』(2014. 10. 11.), 225-259쪽,
18) 이 발견을 나는 지난 9월 25일 〈감리교여성지도력개발원〉이 마련한 여성지도력개발 신학초청강연을 마친 뒤 뒤풀이의 대화에서 김명현 원장의 질문을 통해서 하게 되었다.

주어야 하는 생명의 담지자"(der Behälter für ein Stück kostba-ren Lebens)19)라는 의식을 안산의 어머니들에게도 기대하고 싶다고 말하고자 한다.20) 이 의식의 자각 속에서 이제 세월호 어머니들이 제일 먼저 할 일은 그동안 너무 절망하고 너무 괴로워서 자신의 몸을 잘 돌보지 않아 생리가 끊겼거나 불규칙하게 되었다면 그 몸을 다시 잘 살피고 돌보아서 앞으로의 갈 길에 대비하는 일이라고 말씀드리고 싶다.

4. 노들장애인야학의 '함께'의 원칙과 '학습공동체론'으로부터 배운다 — 세월호 교회 살림의 첫 번째 원칙

맨 앞에서 인용한 마가복음 12장 35-37절의 말씀은 예수가 당시 유대인들에게 막강한 체제 종교의 권력을 휘두르고 있던 유대교 신학자들을 향해서 그들의 그리스도론 독점의 모순에 대해 비판하는 장면으로 해석할 수 있다. 예수는 당시의 종교 권력자들이 그들이 기다리고 있는 메시아, 그리스도의 도래를 꼭 '다윗의 자손'이라는 틀 안에 한정하고, 거기에 기대어서 자신들의 권력도 공고히 하면서 확고부동한 불가침의 것으로 만드는 것을 보고서 거기에 근본적인 이의를 제기한 것이다. 즉 예수는 다윗 스스로가 '다윗의 자손'으로 도래할 것으로 이야기되는 그리스도에 대해서 "주"라고 했으며, 하

---

19) Etty Hillesum, Ibid., p.158.
20) 이은선, 「라마, 베들레헴, 안산 – 세월호 참사와 생명의 연속성」, 2014년 7월 6일, 안산시 단원구 화정교회 설교문, http://www.ecumenian.com.

나님이 그 주 그리스도를 그의 오른편에 앉게 하시는 일에 대해서 감동했었다는 것을 지적함으로써 '그리스도'라는 개념이 결코 어떤 한 배타의 개념이 아니라 보다 보편적인 "어떤 '영원한' 사실이며 시간 개념에서 해방된"[21] 어떤 상징으로 쓰일 수 있다는 것을 지적한 것이라고 할 수 있다. 그렇게 함으로써 예수는 당시 종교 권력자들의 그리스도론 독점을 비판하였고, 거기서 자신들의 권력을 실체화하는 것에 반대한 것이라고 할 수 있다.

나는 이렇게 예수 스스로가 이미 그 자신의 때에 그리스도 개념을 보편화하고 하나의 상징 언어로 삼았다면 그 후 훗날 역사에서 서구 교회가 더군다나 그 예수에게 그리스도론을 배타적으로 적용하여 박제화하여 쓴 것을 따를 이유가 없고, 그렇게 하지 않는 것이 오히려 더 예수를 잘 따르는 길이라는 것을 말하고자 한다. 이러한 견해가 앞의 에티 힐레줌의 이야기와도 잘 부합하고, 이것은 이제 우리가 특히 가부장주의적 남성성직자 중심의 견고한 배타성의 그리스도론에 근거해서 한국 교회가 제시하는 구원론에 더 이상 기댈 필요가 없다는 것을 가르쳐주는 것이다. 즉 이것은 '새로운 구원론', '새로운 교회론'을 찾아나서는 일을 말하는데, 이번 세월호의 참화를 계기로 기성 교회가 더 이상 그들이 주장하는 그리스도론으로는 어떠한 행위도 가능하지 않고, 그것으로써 그들이 전하는 복음도 그들 스스로는 살고 있지 않는 공동체로 드러났다면, 새로운 구원의 길, 새로운 교회 공동체를 대안적으로 구성해내는 일에 적극 나서야 함을 말하

---

21) 프리드리히 니체, 같은 책, 83쪽.

는 것이다.

　그 일을 위한 좋은 길라잡이로서 나는 지난 20년간 한국 땅에서
장애인 인간화를 위한 투쟁의 초석을 놓았고, 구체화했으며, 큰 진전
을 이루어낸 〈노들장애인야학〉의 스무 해 이야기를 소개하고자 한
다. 지난 1993년 8월 8일, 풍성한 가을 수확기의 '노란 들판'을 생각
하며 그것을 줄여 '노들'이라고 하여 생겨났다는 〈노들장애인야학〉
의 20년사 『그럼에도 불구하고 수업합시다』가 지난 5월에 출간되었
는데, 최근 그것을 읽게 된 나는 많은 감동을 받았다. 그 책을 읽는
동안 내내 드는 생각은, '아, 이렇게 세월호 가족들도 자신들의 교회
와 공동체를 세울 수 있겠구나', 그래서 거기서 '삶'과 '배움'과 '투쟁'
을 함께 하면서 '진실'을 밝혀내고, '생명적 가치'를 다시 세우고, '인
간성의 공동체'를 다시 증거하고 보여주는 일을 하면 되겠구나 하는
것이었다. 그리고 거기서 더 나아가서 이 책을 알 수 있는 계기를
마련해준 밀양 송전탑 투쟁의 일꾼 이계삼 선생도 지적한 대로 앞으
로 우리가 세월호 이후 시대를 견디어내고 살아가는 데 많은 "비결과
암시"를 주는 책으로 발견했다.22)
　그 〈노들장애인야학〉은 지금부터 20년 전의 혹독했던 전두환 정
권이 막 무너지고 난 후 생겨난 그룹이다. 당시 장애인의 인권은커녕
일반인의 인권조차 우리 사회에서 거의 의식되고 있지 않던 때에,
"장애인운동을 사회 변혁 운동의 한 영역으로 설정"했던 장애인운동

---

22) 이계삼, "세상읽기 – 맞은 편 노들야학", 〈한겨레신문〉 2014. 9. 29.

청년연합회의 청년들이 대학생 교사들을 찾아나서는 일을 통해서 결성되었다고 한다.[23] 처음에는 학생 11명과 교사 11명으로, 당시 구이동 아차산 기슭 정립회관에서 그곳의 정립전자 기숙 장애인노동자들을 주 대상으로 시작되었다고 하는데, 그들은 저녁 7시 이후에만 그곳의 탁구장을 빌려 칸을 나누어서 "단지 장애가 있다는 이유만으로 초등교육조차 받지 못한" 주로 20-30대였던 장애인노동자들에게 초등학교 검정고시를 목표로 수업을 시작했다고 전한다.

그때까지 '휠체어'라는 단어조차 몰랐던 열악한 상황에서 오전 8시 30분에 출근해서 저녁 6시 30분에 퇴근했던 장애인노동자들이 고된 일 후의 휴식을 뒤로 하고 다시 야학에 나오는 것은 정말 힘든 일이었다고 한다. 하지만 그만큼 배움에 목말랐기 때문에 그들은 모일 수 있었고, 그래서 1995년 5월 초등학교 검정고시 고사장에 처음으로 5명을 들여보내고 교사들은 밖에서 서성이며 시험이 끝나기를 기다렸고, '전원합격'이라는 결과를 통보받고 서로 정말로 기뻐했다고 전한다.[24]

그렇게 시작한 노들야학은 그 후 놀라운 전개를 보인다. 스스로가 장애인이었고 교사대표이기도 한 박경석 당시 전장협(전국장애인청년연합회) 조직국장의 교장 취임과 더불어 노들야학은 끈질기게 서로 뭉쳐서 한국 장애인 운동사의 새 장을 써나간다. 1999년 중증장애인 이동 지원을 위한 봉고 운행, 2001년 장애인 이동권 투쟁,

---

23) 홍은전 지음, 『그럼에도 불구하고 수업합시다 – 노들장애인야학 스무 해 이야기』(도서출판 까치수염, 2014), 28쪽.
24) 같은 책, 37쪽.

노들장애인자립센터 설립, 장애인차별금지법 제정 투쟁, 2006년 현수막 공장 노란들판의 설립을 통해 장애인 직업자활에 힘을 쏟았고, 활동보조서비스 제도화 투쟁, 노들야학 교육 공간 쟁취, 시설 장애인 탈시설-자립생활 권리 투쟁 등, 장애인 삶의 권리를 위한 다각도의 투쟁에 큰 족적을 남긴다. 나는 오늘 우리가 지하철 역 등에서 장애인 이동시설을 이용하여 이동하는 장애인들을 자주 보지만 그것이 이루어지기까지 그 뒤에 얼마나 많은 고통과 피나는 투쟁과 노력이 있었는지 이번에 알았다.

아직도 갈 길이 많이 남아 있고, 그동안 많은 희생과 죽음, 떠나감, 포기들도 있었지만 이들은 오늘 20년사를 정리하면서 아주 당당하게 말한다: "확실한 것은 '이 싸움은 정당하다'는 믿음과 '함께 있을 때 우리는 두려울 것이 없다'는 용기뿐이었다"고.25) 두려움에 떨던 중증장애인을 세상을 향해 자신을 던지는 거침없는 투사로 변모시킨 것은 "모두 제각각이었지만 노들의 구성원들이 합의하는 단 하나의 가치가 있었다. '함께'였다"고.26)

나는 세월호 가족 공동체를 지금까지 끌어온 것도 바로 이것이었을 것이라고 생각한다. 우리의 싸움은 '정당하다'는 확신이고, '옳은 것'(義)을 위해 하는 일이라는 것, 그리고 이 일을 위해서 어떻게든 '함께'라는 원칙을 지켜낸다는 것. 고병권은 이 노들학교에 대해서 프랑스 철학자 자크 랑시에르가 "지능이 열등할 때가 아니라 의지가 꺾일 때 바보가 생겨난다"라고 한 지적을 들려준다.27)

---

25) 같은 책, 130쪽.
26) 같은 책, 118쪽.

그렇게 인간의 의지는 진실과 연결될 때만 계속될 수 있고, 살아 있을 수 있다는 통찰이다. 그래서 반면 세월호의 진실 추구가 어떤 다른 사적인 목적으로 희석되거나 약화될 때 그 싸움을 계속할 수 있는 힘과 의지가 줄어들 것이라는 사실은 명확하다. 그런데 니체도 경고했듯이 인간의 확신이란 "어떤 목적에 유용하기 때문에 원칙적·원리적인 것이 되는 거짓"이 될 때가 종종 있으므로,28) 그래서 혹시 자신도 의식하지 못하는 사이에, 아니면 교묘하게 다른 사람들의 눈을 속이기 위해서 '확신'이나 '믿음'으로 가장하는 오류에 빠지지 않기 위해서 또 다른 것이 있어야 하는데, 노들인들은 그것을 '일상'으로 지속되는 '수업'과 '학습'의 일로 제시했다. 그들은 말하기를,

> "노들의 가장 중요한 투쟁은 바로 이 일상을 지키는 일이었다. 이 작고 사소한 일상이 우리들의 인생을 이끌고 나간다. 노들의 일상을 이끌었던 것은 수업이었다. 수업이 우리를 만나게 했고 거기서 모든 것은 시작되었다. 수업이 아니었다면 30년간 노유동 작은 방과 창동 작은 집이 각자의 우주 전체였던 사람들이 만나는 일은 없었을 것이다. 장애 문제라면 명왕성만큼이나 멀리 있는 것으로 알았던 나 같은 사람이 그들과 만나는 일도 없었을 것이다."29)

나는 세월호의 가족들도 이렇게 해나가야 한다고 생각한다. 즉

---

27) 고병권, 같은 책, 79쪽.
28) 니체, 같은 책, 137쪽.
29) 홍은전, 같은 책, 114쪽.

그들도 진실을 위한 싸움을 계속해나갈 때 일상으로 서로 모이고 함께 해서 '학습공동체'로서의 교회를 만들어 이 세상의 권력과 정치와 경제가 어떻게 돌아가는지, 왜 오늘 우리의 삶이 이렇게 되었는지, 인간 공동 삶이 반드시 추구해야 하는 가치에 무엇이 있는지 등에 대해서 서로 묻고 배우고 토론하면서 스스로의 의식을 열어가야 한다는 것이다. 그래야 자신의 진실을 향한 물음과 싸움을 계속해나갈 수 있는 정신적·의지적 힘을 간단없이 얻을 수 있고, 그것은 여성평화학자 정희진이 말한 대로 "책이 몸을 통과하면 고통을 해석하는 힘이 생긴다"라는 말처럼30) 그렇게 스스로가 이제 세상의 해석자가 되는 일을 말한다.

노들인들은 어떠한 경우에도, 각자에게는 정말 더 이상 계속할 수 없다고 포기하고 싶고, 죽고 싶고, 2003년 처음 개설된 한글 기초반에서 학생과 교사들의 수업이 서로 소통의 통로가 달라서 사투와 같았을 때도, 거리 투쟁하다가 사람들이 잡혀가고 교장이 감옥에 가고, 누군가는 죽고, 교실에서 쫓겨나고, 전날의 뒤풀이로 술범벅이 되어서 나가떨어져도 그래도 다시 수업시간이면 수업을 열고, 눈물을 닦고 교실로 모여들었으며, 다시 한자 한자 배워나갔다고 한다. 그래서 이 책의 제목도 『그럼에도 불구하고 수업합시다』이다.

이들은 그렇게 원칙을 지키며 자신들이 장애인과 비장애인으로 서로 만나서 벌인 일들이란 "대한민국의 교과서에도 없었고 미국에서 건너온 자립생활 교본에도 없었(고), 어떤 것이 알맞은 것인지는

30) "여성학·평화학자 정희진 인터뷰", 〈한겨레신문〉 2014. 10. 24.

오직 경험을 통해서만 찾을 수 있었다"고 밝힌다.31) 또한 이들은 '장애인의 해방은 장애인 당사자의 투쟁에 의해서만 이루어질 수 있다'는 '장애인 당사자주의'의 구호를 굳게 붙들고서32) 끊임없는 일상의 함께 함과 학습이 끊이지 않는 투쟁을 통해서 '아무것도 할 수 없는 몸'이라는 불가능을 넘어서 가히 "'혁명'이라고 부르지 않는다면 무어라고 말할 수 있을까"라는 서술이 가능할 만큼,33) 그러면서도 그 일은 동시에 "노력하는 한, 방황"이었지만34) 계속해나갔다고 한다.

이렇게 세상에 대항해서 진실을 밝혀가고 그 일을 통해서 세상을 바꿔나가는 일에서 '학습'과 '수업'을 쉬지 않는다고 하는 것은 쉽게 자기중심의 나약한 감정과 자포자기에 빠지지 않는 것을 말한다. 그렇게 해서 그들이 세상에 저항하는 싸움을 싸우지만 그러나 그렇다고 해서 세상으로부터 고립되는 것이 아니라 더 깊이 대화하는 것이고, 더 깊이 스스로 알아가는 것이다. 20세기 러시아의 사상가 베르쟈예프는 말하기를, "인간이 진실을 탐구하기 시작할 때 그는 이미 구원을 받은 것이다"라고 하였다. 또한 "인간의 노예상은 그의 타락과 죄를 말해주는 것으로서 이 타락은 특이한 의식구조를 가지고 있어서 단순히 회개하고 속죄하는 것만으로 극복될 수 없고 인간의 모든 창조적인 활동에 의해서 극복될 수 있는 것이다"라고

---

31) 홍은전, 같은 책, 106쪽.
32) 같은 책, 87쪽.
33) 같은 책, 105쪽.
34) 같은 책, 118쪽.

하였다.35)

　이 말을 통해서 우리는 인간의 구원이라는 것이 특히 오늘 한국의 기성 종교권력자들이 말하는 것처럼 꼭 어떤 '중개자'의 매개를 통해서만, 뚝딱 한순간의 마법과 같은 일로, 지성과는 거리가 먼 반지성의 일로서 이루어지는 것이 아니라는 것을 알게 된다. 누구라도 마음과 정성을 다해서 진리와 진실을 구한다면 그는 이미 구원을 받은 것이고, 인간의 구원이란 각자 나름의 창조적 활동의 지속과 축적을 통해서 이루어지는 일이라는 지시이다.

　나는 세월호 가족들이 끈질기게 세월호의 진실과 우리 사회의 정의를 물고 늘어지는 일이 바로 그 일이라고 생각한다. 그런 의미에서 그들은 이미 구원을 받았다. 아니 그들 자신의 구원을 넘어서 오늘 우리 사회에서 종교 지도자들조차 진실과 진리에 관심을 갖지 않는 상황에서 그들이 그 일을 흔들리면서도 계속하는 한 바로 그들이야말로 우리 사회의 진정한 구원의 중개자, 구속자가 되는 것을 말하는 것이라고 할 수 있다.

　'진실'과 '진리'에 대해서 관심을 두고 포기하지 않는다는 것은 나 이외의 '타인'을 배려하는 것이며, '세상'에 대한 염려를 놓지 않는 것이다. 그래서 이들이야말로 그 투쟁으로 인해서 "기도하는 한 결코 자신들을 위해서 기도하는 것이 아니라 항상 남을 위해서 기도하는 자"가 되고,36) 그런 의미로 우리 사회는 그들에게 큰 빚을 지고 있는 것이다. 처음 세월호 참사의 구조현장에서 관피아들의 거짓 구조와

---

35) N. 베르쟈예프, 이신 역, 『노예냐 자유냐』(도서출판 인간, 1979), 299쪽.
36) Etty Hillesum, op.cit., p.154.

생각할 수조차 없는 야만을 용기로 전하다 말 못 할 고초를 겪고 있는 홍가혜, 이종인, 이상호 등에게도 우리는 같은 말을 할 수 있다. 그렇게 한 시대의 구원자, 그리스도, 진리의 수호자는 변방에서, 약자와 주변인과 소외자들로부터 온다. 예수가 그랬고, 전태일이 그랬으며, 노들인들도 그랬다. 그래서 나는 세월호 가족의 교회를 믿는다. 그들 세월호 엄마들의 '학습공동체'를 믿는다.

5. '당신이 원하는 삶의 형태로 당신 투쟁의 형태를 만들라' ― 세월호 교회 살림의 두 번째 원칙

오늘 거의 '불가능'의 벽으로 다가오는 체제의 벽에 대한 두 번째 저항의 방식으로 '네가 그 체제 대신에 대안으로 원하는 삶의 방식으로 너 자신의 삶을 살아라'라는 것에 대해서 이야기해보고자 한다. 세월호를 포함해서 쌍용자동차, 밀양송전탑, 강정마을, 사교육비, 대학등록금, 쌀 주권 등, 오늘 우리 삶의 대부분의 투쟁이 거의 '불가능'과 '무한정'에 대한 싸움인 것을 알 수 있는데, 이렇게 거의 불가능한 무한정의 문제를 다룰 수 있는 유일한 방식은 바로 삶과 투쟁을 하나로 만드는 방식인 것을 말하는 것이다.[37]

세월호의 진실을 밝혀내고자 처음 모든 일상을 뒤로 하고 싸움에 매진했던 사람들이 발견한 사실은 그 문제가 결코 단일한 차원의, 몇몇 단순한 차원과 영역만의 문제가 아니라는 것이었다. 그저 어떤

---

37) 고병권, 같은 책, 155쪽.

부패한 종교 집단이나 경제 집단의 문제가 아니고, 지난 대선부정의 문제로부터 국정원, 경찰, 군대, 입법, 사법, 외국 매판자본, 친일보수, 언론, 해양 과학, 교육 등 무수히 많은 영역과 수많은 복합적인 차원의 문제가 모여서 발생한 문제라는 것을 목도했다.

즉 한 마디로 '모든 것'이 문제였고, 이미 "우리 모두가 세월호였"으며,38) 다시 집약해서 말하면, 이러한 모든 영역과 차원이 함께 관계되는 '삶'과 '생명'과 일상 자체가 문제가 되었다는 것이 드러났다는 것이다. 그래서 그 삶과 일상 자체를 변화시키는 일이 핵심 관건이고, 그 일상의 삶을 다른 방식으로 구성해내는 일이 투쟁의 근본 방식이 되어야 함을 알아차린 것이다.

그런 의미에서 원래 고대 그리스어에서 '비오스'(*bios*)라는 말이 '생명'(bios)과 더불어 '활'(bios)이라는 무기를 함께 말한다는 지적은 의미 있다.39) 그 말에 오늘 우리 시대 운동의 성격과 고민이 집약되어 있다고 하는데, 그래서 우리의 운동에서 우리도 "우선 할 일 아니 무한정으로 할 일"은 우리 삶과 일상을 우리가 제안하는 대안적 생명의 방식으로, 반체제적이고 비자본주의적으로, 생명과 삶을 우선으로 하는 방식으로 계속해서 구성해내는 일이라는 것이다. 이 불가능의 체제가 존속하는 한 싸움은 일상적인 것이 되어야 함을 말하는 것이다.40)

---

38) 송경동, 「우리 모두가 세월호였다」, 고은 외 68인, 『우리 모두가 세월호였다 - 세월호 추모시집』(실천문학사, 2014), 89쪽.
39) 고병권, 같은 책, 150쪽.
40) 같은 책, 150-151쪽.

참으로 이제 '지속력'(誠)이 관건이고, 일상이 문제된다는 것을 밝힌 것이다. 그렇게 일상과 삶으로 지속적으로 대안을 살아가보면 그 이전에는 불가능하고 무한정하게 보였던 것들이 다르게 보이기 시작하고, 무한정의 절망을 넘어설 수 있는 길이 보이기 시작하며, 그 안에서 지속할 수 있는 힘이 새롭게 창조되는 것을 보는 것이다. 그래서 오늘의 운동과 투쟁이 단지 정치 선동이나 또 다른 사적 목적을 위한 확신으로 전락하지 않으려면 보편적인 요구를 설정하는 것은 쓸모가 없고 스스로에 대한 구체적인 요구로 실행되어야 함을 말하는 것이다.[41] 그런 방식으로라야 무한정과 불가능에 대한 싸움에서 승산이 있고, 그것을 통해서 다시 생명과 삶을 기대해볼 수 있다는 것이다.

2005년부터 노들야학이 활동보조서비스 제도화와 그 시간의 확대를 위해 투쟁하면서 몇 번씩 삭발하고, 단식하고, 휠체어로 한강다리를 점거하고, '병신 육갑한다'는 소리를 "실천"하면서 온몸으로 저항하는 가운데 여성중증장애인 최진영은 "배운 대로 실천하는 것이 얼마나 어려운지, 힘 있는 자들에게 맞서 싸우는 것이 얼마나 고통스러운 일인지 뼈가 저리도록 처절하게 배웠"고, 그래서 그 고통을 너무나 잘 알기에 "투쟁하는 사람들의 곁을 더더욱 떠날 수 없었"다고 고백한다. 그녀는 그 일을 통해서 "매일매일 자신과의 약속을 되새기면서 하루하루를 새롭게 조직하는 인간만이 그녀처럼 살 수 있다"는 것을 증거한 것이다.[42] 그래서 그들은 다음과 같이 선언한다.

---

41) 루돌프 슈타이너, 김경식 옮김, 『고차 세계의 인식으로 가는 길』(밝은누리, 2003), 133쪽.

"운동이 없는 배움, 단지 기능적 학습일 뿐인 배움을 '배움'의 이름
으로 단호히 거절해야 하며, 또한 배움이 없는 운동, 그저 습관이 되고
관성이 된 운동에 대해 '운동'의 이름으로 맞서야 할 것입니다."[43]

참으로 기가 막힌 정리이다. 이렇게 감탄하면서 그러나 나는 이
원칙과 정리에서도 잘 드러나 있듯이 오늘 세월호 가족들로 하여금
그러한 일상을 살아낼 수 없게 하는 가장 큰 걸림돌 중의 하나가 특히
(남은 자녀들의) '교육'일 것이라고 생각하여 이 문제에 대한 성찰로
이어가 보고자 한다.

오늘 누구나 잘 주지하고 있듯이 대한민국에서 '교육' 문제야말로
가장 넘어서기 어려운 무제한의 불가능으로 다가온다. '요람부터 무
덤까지'의 모든 삶의 시간과 영역이 오히려 극심한 자본주의 교육체
제의 노예가 되어서 거기에 대항하기란 대한민국의 보통 부모로서
는 거의 불가능해 보인다. 그러나 우리가 또한 확실히 보고 아는 것은
지금의 체제 교육으로는 사람들의 지성뿐 아니라 마음도, 의지도,
몸도 길러지지 않고, 오히려 더 깊숙이 체제의 노예만 되고, 두려움
과 소심함, 한없는 수동성과 이기주의, 허풍과 거짓 등으로 채워질
뿐이라는 것이다.
사람들은 평생을 노동하지만 가난하고, 무엇하나 끝까지 내려가
서 본질에 닿을 수 있는 힘과 인내력은 없고, 사실과 진실에 대한

---

42) 홍은전, 같은 책, 102쪽.
43) 같은 책, 127쪽.

관심과 해석력과 끝까지 놓지 않고 싸우는 신념을 기대하기 어렵다. 바로 오늘 세월호의 진실을 밝히기 위해서는 그런 힘과 행위력, 상상력이 필요하고 그러한 인간적 힘에 근거해서만 우리가 미래를 기대할 수 있을 것인데도 말이다.

이렇게 고생은 고생대로 하지만 한국의 가족이 경제적으로도 어렵고 비인간적 삶을 사는 이유가 되고, 사실 세월호의 참사도 먼저는 그런 체제 속의 학교에 다녔기 때문인 것을 생각하면 그런대도 거기에 계속 머물러 있을 이유가 없다. 몇 년 전 김예슬이나 김창인의 대학교육 포기선언처럼, 〈녹색평론〉의 김종철 교수가 '아이들 대학 보내지 말자'는 운동을 한국 농촌운동의 한 형식으로 제안했듯이 그렇게 오늘 세월호 참사와 더불어 우리 교육의 문제를 더 철저히 근본에서부터 급진적으로 성찰할 필요가 있다는 것이다.[44]

탈학교 운동의 선구자 이반 일리치는 이미 30여 년 전에 물질의 풍요 가운데서 가난해지는 '현대화된 가난'에 대해서 말하면서 "현대인은 어디서나 감옥에 갇힌 수인이다. 시간을 빼앗는 자동차에 갇히고, 학생을 바보로 만드는 학교에 잡혀 있고, 병을 만드는 병원에 수용되어 있다"라고 지적하였다.[45] 거기에 대항하는 길로서 그는 "쓸모 있는 실업을 할 권리"를 이야기하는데, 오늘 한국의 현실과는 거리가 멀다고 지적할 수도 있지만 나는 더 근본적인 의미에서 우리 교육과

---

44) 이은선, "탈학교 사회와 한국 생물여성 영성의 교육", 『생물권 정치학 시대에서의 정치와 교육』(도서출판 모시는사람들, 2013), 224쪽.
45) 이반 일리치, 허택 옮김, 『누가 나를 쓸모없게 만드는가 - 시장 상품 인간을 거부하고 쓸모 있는 실업을 할 권리』(느린걸음, 2014), 85쪽.

노동이 숙고해야 할 주제라고 생각한다.

우리 모두가 주지하듯이 오늘 급여를 주는 직장에서 벗어난 일을 하는 사람은 무시당하거나 불안정하다고 생각한다. 하지만 직장을 다니지 않고도 하고 싶은 일을 할 수 있는 사람은 점점 아주 사회적 지위가 높은 사람들로 한정되어가면서 보통사람들은 생각할 수 없는 일이 되어간다. 그렇게 보통사람들이 오랜 임금노동으로 고생한 후에 그들에게 남는 것은 '핵가족'뿐이지만 그 핵가족조차도 지금 큰 위기에 처해 있는 것을 보면 그 체제 속의 노동에 대해서 다르게 생각해볼 수 있어야 한다.46)

"인간의 정신적 해방은 인간에 있어서 인격의 실현이다. 그것은 전체의 달성이다. 그리고 동시에 피곤할 줄 모르는 싸움이다. 인격 실현의 근본 문제는 물질의 결정론에 대한 승리의 문제가 아니다. 물질은 주체의 일면에 불과하다. 근본 문제는 노예성에 대한 전면적 승리의 문제이다. … 근본적인 대립은 정신과 물질의 문제가 아니라 자유와 노예성 사이의 것이다."47)

삶과 일상은 아주 복합적이고 다층적이다. 거기에는 태어남도 있고 기쁨도 있지만, 슬픔과 죽음도 있고, 절망도 있다. 하나 됨과 성취, 용서와 약속도 있지만 실패와 갈라섬, 떠나감도 있다. 즉 그것들은 모두 생명과 삶의 연속성 안에서 하나인 것이고, '지속'(易)이며, 거

---

46) 같은 책, 123쪽.
47) N. 베르쟈예프, 『노예냐 자유냐』, 311쪽.

기서 우리가 생명으로 태어났다는 것은 그 생명과 삶의 연속성에 나름의 기여를 하도록 불림을 받은 것을 말한다.

앞의 에티 힐레줌은 죽음이 다가오는 시간에도 이 생명의 연속성에 대한 깊은 신뢰 속에서 자신이 결코 완악해지지 않았으며, 완전한 미움에 빠지지 않았음을 감사한다. 그녀는 결코 '냉담한 무관심'이 아닌 '태연함'(Gelassenheit)에 머물 수 있는 것에 감사하고,[48] 그녀가 "간단함 때문에 신(Gott)이라고 부르는"(der Einfachheit halber als Gott bezeichne)[49] "자신 속의 가장 깊은 것, 가장 풍요로운 것"(das Allertiefste und Allerreichste im mir),[50] "내면의 가장 나중의 것"(das Allerletzte im Inneren)은 어떤 경우에도 그녀에게서 빼앗아질 수 없다는 것을 알기 때문에[51] 그런 신에 대한 믿음이 있다면 그에게 맡기고, 그를 신뢰하는 것이 신앙의 "일관된"(konsequent) 모습이라고 스스로에게 확언한다.[52]

그래서 그녀는 자신의 삶에는 꽃을 사랑하고, 읽고 쓰기를 좋아하고, 함께 남은 음식을 나누고, 산책도 할 수 있는, 아직도 많은 것들을 위한 공간이 남아 있다고 한다. 그러면서 놀랍게도 아직도 자신은 삶이 아름답고 행복하다고 고백하면서 다음과 같이 기도한다.

"나의 하나님, 보시죠. 내가 당신을 잘 배려하지요? 나는 당신에게

---

48) Etty Hillesum, op.cit., p.159.
49) Ibid., p.154.
50) Ibid., p.176.
51) Ibid., p.162.
52) Ibid., p.158.

단지 눈물과 겁먹은 의심만을 가져오지 않아요, 당신을 위해 이 폭풍 치는 회색의 일요일 아침에도 재스민 향기를 가져오지요. 당신에게 길에서 만나 온갖 종류의 꽃을 가져올게요. 당신은 나와 더불어 할 수 있는 한 아주 잘 지낼 거예요."53)

"사람들이 인간을 이해하는 한 이 시간도 이해할 수 있어요. 이 시간은 바로 우리 인간을 통해서 여기 온 것이지요. 이 시간이 어쩌해도 우리는 그것을 이해해야만 해요. 설사 우리가 아주 당황스럽게 그것과 마주해 있다 하더라두요. 저는 계속 제 자신의 내면의 길을 가겠어요. 그 길이 점점 더 단순해지고 덜 복잡해지고, 그리고 선함과 신뢰로 더욱 깔려 있는 것을 본답니다."54)

그녀는 점점 더 세상의 모든 사람을 위한 사랑을 말하고, 우리 모두는 매 순간에 자신의 삶을 바꾸고 새로 시작할 준비가 되어 있어야 하고, 항상 열려 있고 진정성 있게 자신이 되어야 하며, 그 순간에 자신이 해야 한다고 양심이 명기하는 일을 하는 의지를 버리지 않는다면 모든 것이 괜찮다고 말한다.55) 그녀는 신이 자신을 그의 마지막 비밀 앞에 세우지만 그가 그것을 하고, 또한 자신도 그렇게 답이 없는 수수께끼 앞에 스스로를 세우는 힘을 가진 것에 감사하다고 하며, 사람들은 그 신의 수수께끼를 짊어져야 한다고 말한다.56) 자

---

53) Ibid., p.150.
54) Ibid., p.159.
55) Ibid., p.165.

신의 삶이란 사실 끊임없이 자기 자신, 다른 사람, 하나님에 대한 "귀 기울여 들음"(hineinhorchen)이었다고 고백하는 그녀는 그것을 또한 자신 속의 가장 본질적인 것과 가장 깊은 것, 다른 사람들 속의 그것과의 대화였다고만 한다. 그 일이란 바로 "하나님과 하나님 사이"(Gott zu Gott)의 경청의 일이었다는 것이다.[57]

　그녀가 참으로 애석하게 여기는 것은 사람들이 속으로라도 세상에 내뱉는 모든 미움은 그것이 없었을 때보다 세상을 더 황량하게 만드는 것을 생각지 않는 것이고,[58] 이 세상의 모든 고통이 우리 인식을 확대하는 데 도움이 되지 못한다면 그것은 아무 의미 없는 일이라고 말한다.[59] 자신이 짐을 짊어지기만 하면 모든 하늘 아래가 다 자신의 집이고, 그래서 날마다 하루의 끝에는 더욱 사람들을 사랑하게 되고, 자신의 한 부분으로 느낀다고 고백한다.[60]

　　"삶과 죽음, 고통과 기쁨, 나의 이 상처 난 발에 생긴 기포들과 집 뒤의 재스민, 박해와 셀 수 없는 수많은 잔인함, 이 모든 것들이 내 안에서는 마치 하나의 전체처럼 있고, 나는 그것들을 모두 마치 하나인 것처럼 받아들이며, 다른 사람에게는 설명할 수 없지만 항상 점점 더 그 모든 것들이 서로 연결된다는 것을 이해하기 시작한다. 나는 나중에 한 번만이라도 그것들을 설명할 수 있기 위해서

---

56) Ibid., p.170.
57) Ibid., p.176.
58) Ibid., p.185; 루돌프 슈타이너, 같은 책, 138쪽.
59) Ibid., p.162.
60) Ibid., p.203.

오래 살고 싶고, 그러나 그것이 나에게 허락되지 않는다 하더라도 다른 사람이 거기서부터 나의 삶을 계속해서 살아 갈 것이다. 나의 삶이 끊어진 그곳에서부터, 그렇기 때문에 나는 할 수 있는 만큼 그렇게 선하고, 확신을 가지고 마지막 숨의 순간까지 더 살아갈 것이며, 그래서 내 뒤에 오는 사람이 아주 완전히 새롭게 시작하지는 않아도 될 수 있게, 그래서 그렇게 힘들지 않도록 할 것이다."[61]

6. 마무리하는 말
— '다만 일주일을 하루씩 잘 살아내겠다'

지난 9월 극단 〈바퀴VaQi〉에 의해서 공연된 연극 〈몇 가지 방식의 대화들〉이 최근 일본에 소개되어 거기서도 큰 반향을 얻었다는 소식을 들었다.[62] 그 이야기의 주인공 이애순 할머니(1941-)의 평생의 겸손(敬)과 지속성(誠)의 삶이 생명 경시와 무자비한 자본주의와 정치권력의 폭력에도 불구하고 진심과 성실을 다해 인간성을 지키며 어려운 삶을 지속해온 것과 거기서 드러난 한국 여성의 생명성에 감동했기 때문이라고 생각한다.[63]

세대는 다르지만 그 한국 현대사 6 · 25 전쟁고아였던 이애순 할머니의 삶보다 더 쉽지 않았을 오늘의 탈성매매 여성들의 자활공동체

---

61) Ibid., p.124.
62) "일본 관객 울린 한국 할머니 '저 연기 안했어요'", 〈경향신문〉 2014. 11. 19.
63) 이은선, 「내가 믿는 이것, 한국 生物여성정치의 근거 – 한나 아렌트의 '탄생성'(natality)와 정하곡의 '생리'(生理)를 중심으로」, 225-256쪽.

인 'W-ing 인문학 아카데미' 여성들의 자활 이야기도 큰 감동을 준다. '빵보다 장미'라는 표현을 가지고 '인문학'과 '현장'을 연결하면서 성매매 현장에서 나온 여성들의 자활을 이끌어내는 이야기이다.[64] 그들은 그때까지 많은 시도 속에서 실패를 거듭하고, 빵이 모든 관건이라고 생각하며 쉽게 거짓 희망에 빠지기도 했지만, 이제는 "막연하게 좋은 날이 올 것이라고 말하며 연민의 빵을 던지는 것에 분개"한다고 한다. 그리고 "지금과 다른 세계로의 구원은 없다. 다만 지금과는 다른 삶이 있을 뿐"이라고 하면서 "다만 일주일을 하루씩 잘 살아가겠다"는 원칙과 다짐을 가지고 매주 수업하고 밥을 같이 먹고, 폭우가 쏟아져도 함께 등산하는 항심으로 새로 탄생해가는 과정을 같이 한다고 한다.

여기서도 '함께'의 원칙과 '운동과 학습, 학습과 운동이 함께' 가는 삶과 일상으로서의 운동이 잘 실행되고 있었다. 오늘 세월호 가족의 새로운 시작이 이 두 여성의 경우보다 더 나은지 아닌지는 의견이 분분할 수 있지만, 나는 세월호의 가족들과 엄마들에게도 이렇게 말하고 싶다. 이들도 이루었으니 세월호 가족과 어머니들도 할 수 있다고, 그리고 해야 한다고.

맹자는 '善'이 무엇이고 '믿음'(信)이 무엇인가 하는 질문에 善이란 "가히 하고자 하는 것"(可欲之謂善)이고, 信이란 "내게 있는 것"(有諸己之謂信)이라고 했다.[65] 즉 모두 우리가 관건이고 우리 안의 것으로 밝혀주었다. 선은 우리가 원하는 것이고, 믿음은 우리가

---

64) 고병권, 같은 책, 234-259쪽.
65) 『孟子』「盡心」下 25, "何謂善? 何謂信?, 曰: 可欲之謂善, 有諸己之謂信."

할 수 있는 것이다. 믿음의 信이라는 글자를 풀어보아도 그것은 '인간(人)의 말(言)'이므로 인간이 말을 할 수 있듯이 그렇게 우리는 서로를 신뢰하고, 하늘을 믿고, 사실과 진실을 알아보는 서로의 마음을 믿으면서 나갈 수 있다는 것이다. 그래서 善과 信, 이 두 가지가 우리를 더 높은 세계로 이끌어주고, 그것이 하나님이 우리를 창조하신 이유이라고 고백한다. 예수가 일찍이 그 한 전형을 이루었으며, 오늘 다시 무수한 다중의 우리들에 의해서 더 새롭게 확장되기를 기다리는 그 두 힘이 우리 운동과 삶의 근거이다.

> "내가 너를 믿어도 좋다는 사실을 깨달을 때, 그리고 내가 나를
> 믿어 보기로 결심했을 때, 그래서 그 아름다움에 나를 던져 보기로
> 마음먹었을 때, 그런 존재는 누구도 말릴 수가 없다. 사랑과 믿음과
> 중독의 속성이 그러하듯이."[66]

노들야학공동체가 그들이 온몸으로 깨달은 지혜를 세상을 향해 나누어준 것이다.

---

66) 홍은전, 같은 책, 245쪽.

묻는다, 이것이 공동체인가

2015년 1월 27일 초판 1쇄 발행
2015년 3월 27일 초판 2쇄 발행

지은이 이은선 · 이정배
펴낸곳 도서출판 동연
펴낸이 김영호
편 집 조영균 | 디자인 이선희 | 관리 이영주
등 록 제1-1383호(1992. 6. 12)
주 소 우 121-826, 서울시 마포구 월드컵로 163-3 2층
전 화 02-335-2630, 4110
전 송 02-355-2640

ⓒ 이은선 · 이정배, 2015

ISBN 978-89-6447-265-1 03200

• 이 도서의 국립중앙도서관 출판예정도서목록(CIP)은 서지정보유통지원시스템 홈페이지
  (http://seoji.nl.go.kr)와 국가자료공동목록시스템(http://www.nl.go.kr/kolisnet)에서 이
  용하실 수 있습니다. (CIP제어번호: CIP2015001642)